Fritz Rinke

Die alte Dame aus Berlin – Hertha BSC

Der Traditionsverein und seine Geschichten

Von Beer, Friedrich und Kruse

Eine Geschichte über die Elf aus dem Olympiastadion

© 2014
Herstellung und Verlag:
BoD – Books on Demand, Norderstedt
978-3-7386-0124-4

Inhalt

EINLEITUNG

Dieses Buch behandelt den Mythos des Hertha BSC, der Stadt Berlin, die in Deutschland so wohl einzigartig sein dürften.

FAKTEN – FAKTEN - FAKTEN

Dieses Kapitel ist dem Überblick gewidmet und möchte einige Fakten über den Hertha BSC bieten. An dieser Stelle verzichten wir auf längere Erklärungen und legen das Augenmerk auf die Schnelle Information.

Das Gründungsdatum
25. Juli 1892

Die Anschrift
Hanns-Braun-Straße,, Friesenhaus 2,
14053 Berlin

Die Homepage
http://www.herthabsc.de/

Hertha BSC (offiziell: Hertha, Berliner Sport-Club e. V., oft Hertha BSC Berlin, salopp auch Alte Dame genannt) ist ein deutscher Sportverein aus der Bundeshauptstadt Berlin.

Der Verein hat seinen Sitz im Bezirk Charlottenburg-Wilmersdorf und ist vor allem aufgrund seiner Fußballabteilung bekannt, die zweimal deutscher Meister wurde. Der Spielbetrieb der Profis, der Amateur- sowie der A-Jugend-Mannschaften wird durch die im Jahr 2002 gegründete Hertha BSC Kommanditgesellschaft mit beschränkter Haftung auf Aktien (Hertha BSC GmbH & Co KGaA) durchgeführt. Persönlich haftender Gesellschafter (Komplementär) ist die vereinseigene Hertha BSC Verwaltung GmbH, einziger Kommanditaktionär ist gegenwärtig der e. V.

Er wurde am 25. Juli 1892 als einer der ersten Fußballclubs in Deutschland gegründet. Heute werden im Verein jedoch auch andere Sportarten wie Boxen, Kegeln oder Tischtennis betrieben.

Darüber hinaus war Hertha Gründungsmitglied des DFB sowie der Bundesliga und ist derzeit mit über 32.000 Mitgliedern der größte Sportverein Berlins. Die Fußball-Heimspiele trägt die Profimannschaft im größten Multifunktionsstadion Berlins, dem Olympiastadion, aus.

DIE GESCHICHTE DES HERTHA BSC

1892–1901: Gründungszeit

Am 25. Juli 1892 wurde der Berliner Fußball Club Hertha
1892, kurz BFC Hertha 92, gegründet. Die Idee zur Gründung
hatten die Brüderpaare Fritz und Max Lindner sowie Otto und
Willi Lorenz vermutlich auf einer Bank am Arkonaplatz im
heutigen Berlin-Mitte. Auf der Suche nach einem Namen hatte
Fritz Lindner die Idee, den Verein Hertha zu benennen, da er
mit seinem Vater kurz zuvor auf einem gleichnamigen
Dampfer auf der Havel gefahren war. Dessen Schornstein
hatte die Farben Blau, Weiß und Gelb, welche ebenfalls als
Vereinsfarben übernommen wurden, wobei das Gelb
allerdings kurz danach verschwand. Der 1886 erbaute
Dampfer Hertha fährt heute auf der Kyritzer Seenkette. Da
die Geschwister erst 16 beziehungsweise 17 Jahre alt waren,
wurde der Onkel der Lindners, Ernst Wisch, Vorsitzender und
trug den Verein im Polizeipräsidium am Molkenmarkt ein.

Zunächst wurden einige Gesellschaftsspiele gegen andere
Vereine ausgetragen. Da aber bei den Mitgliedern die
Geselligkeit im Vordergrund stand, stellten sich keine Erfolge
ein, woraufhin das Interesse abnahm und die Mitgliederzahl
auf zeitweise vier schrumpfte. Zeitgleich spaltete sich das
Berliner Spitzenteam Alemannia 90, und dessen
Lehrlingsabteilung trat fast geschlossen Hertha bei. Dadurch
stieg die Mitgliedszahl wieder auf 22.

Da Hertha ein eingetragener Verein war, durfte er seine Spiele
auf dem Exer (Exerzierplatz des Alexander-Regiments an der
Schönhauser Allee im Berliner Ortsteil Prenzlauer Berg)
austragen. Allerdings mussten Tore und

Spielfeldmarkierungen selbst mitgebracht werden, und umgezogen wurde sich in angrenzenden Gaststätten.

Am 13. Februar 1894 wurde Hertha Gründungsmitglied beim Thor- und Fußballbund Berlin. Allerdings provozierten die Herthaner schon bald den Rauswurf, indem sie die Mitgliedsgebühren nicht zahlten, um sich am 27. November 1894 dem Deutschen Fußball-und Cricket-Bund anzuschließen. Dieser organisierte die zweiklassige Bundesmeisterschaft, an der Hertha in der Saison 1895/96 erstmals in der 2. Klasse teilnahm und durch die Vizemeisterschaft auf Anhieb den Aufstieg in die 1. Klasse schaffte. Dort wurde der BFC Letzter und stieg nur deshalb nicht sofort wieder ab, da durch viele Austritte die 2. Klasse aufgelöst wurde. In den Folgejahren traten immer mehr Mannschaften aus, sodass zeitweilig nur noch fünf Vereine an den Ligaspielen teilnahmen. Am 27. Oktober 1900 trat Hertha ebenfalls aus dem DFuCB aus und bemühte sich um eine Aufnahme in den Verband Deutscher Ballspielvereine, welche jedoch zunächst nicht erteilt wurde.

1901–1923: Erste Erfolge

Zur Saison 1901/02 wurde der BFC Hertha aufgenommen und in die 1. Klasse und somit höchste Liga eingestuft. Die Herthaner schlossen die Runde als Zweiter ihrer Staffel hinter dem späteren Meister BTuFC Viktoria ab. Schon in der nächsten Saison 1902/03 folgte ein schwerer Rückschlag für die Blau-Weißen, da sie wegen Einsetzens nicht berechtigter Spieler alle Punkte aberkannt bekamen und auf den letzten Platz zurückgestuft wurden.

Im Jahr 1905 folgte dann der Umzug auf den Schebera-Platz. Der Gastwirt Schebera hatte diesen 1900 in Berlin-Gesundbrunnen an der nahegelegenen Bellermannstraße/Behmstraße ursprünglich für den BFC Rapide 1893 angelegt. Doch da Rapide nicht genügend finanzielle Mittel besaß, schloss Hertha mit Schebera einen Nutzungsvertrag. Auf dem Schebera-Platz erwarb sich Hertha bald ihren treuen Zuschauerstamm, und die Pacht wurde aus den erhöhten Mitgliedsbeiträgen, die im Monat 50 Pfennig betrugen, bezahlt. Hier gewann Hertha 92 im Jahr 1906 die erste Berliner Meisterschaft. In der folgenden Endrunde um die deutsche Meisterschaft scheiterte Hertha dann allerdings im Halbfinale am späteren deutschen Meister VfB Leipzig.

Nach Streitigkeiten mit Schebera zogen die Herthaner zwischenzeitlich für zwei Jahre nach Reinickendorf und trugen auf dem Concordia-Sportplatz ihre Heimspiele aus.

1910 gewann die Mannschaft ein Freundschaftsspiel gegen Southend United, ein legendärer Sieg, weil Hertha 92 als erste Fußballmannschaft des Kontinents eine aus englischen Halbprofis bestehende Mannschaft bezwungen hatte.

Fast unbeeindruckt vom Kriegsgeschehen folgten in den Jahren 1915, 1917 und 1918 drei weitere Berliner Meisterschaften, bevor 1918/19 ein erneuter Skandal für einen Rückschlag sorgte. So hatte man einigen Spielern unerlaubt Handgelder gezahlt und wurde nach der Hinrunde disqualifiziert. In der Folgesaison durften die Mannen vom Gesundbrunnen aber wieder am Ligabetrieb teilnehmen.

Als 1920/21 die VBB-Oberliga gegründet wurde, konnte man sich als Zweiter der VBB-Verbandsliga, Nordkreis dafür qualifizieren.

Nach immer wiederkehrenden finanziellen Streitigkeiten mit Gastwirt Schebera schloss sich die sportlich starke Hertha am 7. August 1923 mit dem finanzkräftigen Berliner Sport-Club zusammen. Seither trägt der Verein den Namen Hertha BSC. Gemeinsam erwarb man auf der gegenüberliegenden Straßenseite des Schebera-Platzes eine frühere Eisbahn, die als Athletikplatz genutzt wurde. Kurz darauf begann auf dem Gelände der Bau des neuen Stadions am Gesundbrunnen, das am 9. Februar 1924 mit einem Ligaspiel gegen den VfB Pankow eingeweiht wurde. Berühmt wurde das Stadion unter seinem Spitznamen „Plumpe", eine im Berliner Volksmund verwendete Bezeichnung für Wasserpumpen im Allgemeinen und für Gesundbrunnen im Speziellen.

Finanziell gestärkt und mit der „Plumpe" als Heimspielstätte stieg Hertha in den folgenden Jahren zu einer der stärksten Mannschaften des Deutschen Reichs auf. Zwischen 1926 und 1931 erreichte man sechsmal in Folge das Finale um die deutsche Meisterschaft. Allerdings konnten nur zwei Meisterschaften errungen werden. Die ersten vier Finalteilnahmen gingen dagegen verloren:

- 1926 – 1:4 gegen die SpVgg Fürth (Frankfurt am Main, Stadion am Riederwald)

- 1927 – 0:2 gegen den 1. FC Nürnberg (Berlin, Deutsches Stadion)

- 1928 – 2:5 gegen den Hamburger SV (Altona, Altonaer Stadion)

- 1929 – 2:3 gegen die SpVgg Fürth (Nürnberg, Stadion am Zabo)

Nach vier gescheiterten Versuchen bescherte der 22. Juni 1930 der Hertha endlich die erste Deutsche Meisterschaft. Danach sah es vor den 40.000 Zuschauern im Düsseldorfer Rheinstadion zunächst nicht aus, als Finalgegner Holstein Kiel bereits nach acht Minuten mit 2:0 führte. Doch in einem packenden Spiel erzielte Hertha BSC bis zur Pause den 3:3-Ausgleich und drei Minuten vor dem Ende den 5:4-Siegtreffer.

In einer Zeit, in der Düsseldorf noch weit weg war und der Großteil der Berliner nicht die Möglichkeit besaß, den Spielverlauf an einem Rundfunkgerät zu verfolgen, sprach sich der Erfolg zuerst nur sehr langsam herum. Erst am darauffolgenden Tag stürmten mehrere Berliner die Straßen und schwenkten blau-weiße Fahnen. Beim triumphalen Empfang der Spieler kam der Verkehr um den Bahnhof Berlin Friedrichstraße vollkommen zum Erliegen.

Finalspiel um die Deutsche Meisterschaft 1929/30

Hertha BSC – Holstein Kiel 5:4 (3:3)

Austragungsort: Rheinstadion, Düsseldorf, 22. Juni 1930, 40.000 Zuschauer

Hertha BSC:
Paul Gehlhaar – Willi Völker, Rudolf Wilhelm – Otto Leuschner,

Ernst Müller, Herbert Radecke – Hans Ruch, Johannes Sobek, Bruno Lehmann, Willi Kirsei, Hermann Hahn

Holstein Kiel:
Alfred Kramer, Theodor Lagerquist, Josef Zimmermann, Christian Baasch, Oskar Ohm, Waldemar Lübke, Kurt Voß, Oskar Ritter, Johannes Ludwig, Werner Widmayer, Franz Esser

Tore :
0:1 Werner Widmayer (4.), 0:2 Oskar Ritter (8.), 1:2 und 2:2 Johannes Sobek (22., 26.), 2:3 Johannes Ludwig (29.), 3:3 und 4:3 Bruno Lehmann (36., 68.), 4:4 Oskar Ritter (82.), 5:4 Hans Ruch (87.)

Schiedsrichter:
Guyenz (Essen)

Unmittelbar nach der ersten Deutschen Meisterschaft erfolgte die seit 1929 angestrebte Trennung vom Berliner SC. Nachdem eine Abfindung von 73.000 Reichsmark gezahlt worden war, konnte Hertha den Sportplatz und das durch vier Finalteilnahmen in Folge inzwischen bekannt gewordene „BSC" behalten.

Nicht weniger dramatisch verlief das Endspiel ein Jahr später, am 14. Juni 1931, im Müngersdorfer Stadion zu Köln. Vor 50.000 Zuschauern lagen die Berliner gegen 1860 München bis zur 75. Minute 1:2 zurück, ehe Hertha-Legende Hanne Sobek (1900–1989), der seine Mannschaft bereits im Vorjahr ins Spiel zurückbrachte, die Begegnung drehte. Mit seinen Treffern zum 1:1- und 2:2-Ausgleich hatte er maßgeblichen Anteil an der zweiten deutschen Meisterschaft, die Kirsei eine Minute vor Schluss mit dem Tor zum 3:2 perfekt machte.

Finalspiel um die Deutsche Meisterschaft 1930/31

<u>Hertha BSC – TSV 1860 München 3:2 (1:2)</u>

Austragungsort: Müngersdorfer Stadion, Köln, 14. Juni 1931, Zuschauer: 50.000

Hertha BSC
Paul Gehlhaar – Willi Völker, Rudolf Wilhelm – Hans Appel, Ernst Müller, Alfred Stahr – Hans Ruch, Johannes Sobek, Bruno Lehmann, Willi Kirsei, Hermann Hahn

TSV 1860 München
Alfred Riemke, Max Schäfer, Josef Wendl, Ludwig Stock, Alois Pledl, Fritz Eiberle, Ludwig Stiglbauer, Ludwig Lachner, Anton Huber, Otto Oeldenberger, Gustav Thalmeier

Tore: 0:1 Oeldenberger (24.), 1:1 Johannes Sobek (44.), 1:2 Ludwig Lachner (45.), 2:2 Johannes Sobek (75.), 3:2 Willi Kirsei (89.)

Schiedsrichter
Fissenewerth (Mönchengladbach)

Die Jahre 1926 bis 1931 waren die bislang erfolgreichsten in Herthas Vereinsgeschichte. Nie wieder hat der Verein danach ein Finalspiel um die deutsche Meisterschaft erreichen können.

1933–1945: Hertha BSC im „Dritten Reich"

Nach der Machtergreifung durch die NSDAP wurde Hans Pfeiffer neuer Präsident, der Verein gleichgeschaltet. Welchem Gedankengut Pfeiffer anhing, kann man der Vereinschronik von Hertha BSC entnehmen, die folgende Sätze enthält, die Herr Pfeiffer seinerzeit in der Vereinszeitung zum Besten gab:

„Das unfruchtbare parlamentarische System im Klubleben hat endgültig aufgehört zu existieren ... Die früheren Vereinssitzungen finden nicht mehr statt. Sie dienten dem Fortschritt nur selten."

– HA HO HE Hertha BSC

1945–1963: Nach Ende des Krieges – Oberliga Berlin

Nach dem Ende des Zweiten Weltkrieges wurden von den Alliierten alle deutschen Vereine, also auch Hertha BSC, aufgelöst. In Berlin trat für einige Jahre der Kommunalsport an die Stelle der herkömmlichen Verbands- und Vereinsstrukturen. In allen vier Berliner Sektoren wurden insgesamt 45 sogenannte „Stadtbezirksmannschaften" gebildet. Hertha BSC gab es unter dem angestammten Namen nicht mehr, die Spieler traten nun unter anderem mit den Spielern der SV Norden-Nordwest unter der Bezeichnung „SG Gesundbrunnen" an, benannt nach dem Berliner Ortsteil Gesundbrunnen im Abschnitt Nord. Ab dem 1. August 1949 durfte die „SG Gesundbrunnen" dann endlich wieder offiziell den in Berlin beliebten traditionellen Namen „Hertha BSC" tragen, nachdem bereits im April 1949 die Mitglieder mit

113:7 Stimmen für den alten Namen Hertha BSC und gegen den Namen Hertha NNW votierten.

An einen geordneten Spielbetrieb war zunächst nicht zu denken. Viele Vereine hatten Spieler verloren, und so manche Spielstätte – wie die Berliner Plumpe – lag in Trümmern. Dennoch wurde bereits 1946 in einigen Regionen Deutschlands der Spielbetrieb wiederaufgenommen. Auch die beliebte Sportstätte der Hertha-Anhänger wurde nach Kriegsende wiederaufgebaut, und so begann bereits im Juni 1946 erneut der Spielbetrieb an der Plumpe.

Später wurden in Berlin und im Süden Deutschlands die Oberligen (nicht zu verwechseln mit der heutigen Amateur-Oberliga) gegründet, die nun in den einzelnen Regionen die höchste deutsche Spielklasse des Fußballs darstellten. Ein Jahr später wurden sie auch in allen anderen Teilen des Landes eingeführt. Hertha BSC gehörte ab der Saison 1949/50 zu den Teilnehmern der Stadtliga Berlin. Als ab der anschließenden Spielzeit das Vertragsspielerstatut auch in dieser Liga galt und die Ost-Berliner Teams in den Spielbetrieb des DDR-Fußballs wechselten, wurde sie (die Liga) in Vertragsliga Berlin umbenannt.

Hertha BSC schien bereits 1950/51 – nach dem Zugang von elf Spielern des aufgelösten DDR-Vizemeisters SG Friedrichstadt, darunter Helmut Schön als Spielertrainer – an bessere Zeiten anzuknüpfen. Doch die meisten Dresdner Spieler wanderten bald weiter und 1953 erfolgte Herthas Abstieg in die zweitklassige Amateurliga Berlin. In der folgenden Saison schaffte man allerdings den sofortigen Wiederaufstieg. Eine große Rolle blieb Hertha BSC unter den verbliebenen Berliner Vereinen vorerst verwehrt, bis 1957 die erste Oberliga-Meisterschaft gewonnen wurde. In den darauffolgenden Spielen um die Meisterschaft des DFB konnten sich die Berliner allerdings nicht durchsetzen.

Ab Anfang der 1960er Jahre kristallisierten sich aus der Vertragsliga drei dominierende Berliner Mannschaften heraus: Tennis Borussia Berlin, Tasmania 1900 Berlin und Hertha BSC. Drei Jahre vor Einführung der Bundesliga kämpften sie im Westteil der heutigen Bundeshauptstadt um die Vorherrschaft und insbesondere auch um die Aufnahme in diese noch zu gründende höchste deutsche Spielklasse. Die letzte ausgespielte (West-)Berliner Meisterschaft sicherte sich Hertha BSC.

1963–1969: Start in die Bundesliga und Zwangsabstieg

Am 24. August 1963, dem ersten Spieltag der ersten Saison der neu gegründeten Bundesliga, wurde um 17 Uhr im Berliner Olympiastadion eines von acht Bundesliga-Spielen angepfiffen. Die „Plumpe" erfüllte nicht mehr die notwendigen Voraussetzungen für die Bundesliga, sodass Hertha BSC zum Auftakt gegen den 1. FC Nürnberg vor 60.000 Zuschauern im Olympiastadion antrat. Unter den beteiligten Akteuren auf Berliner Seite war Otto Rehhagel. Am Ende erreichte Hertha BSC bei der Premiere durch einen verwandelten Handelfmeter ein 1:1.

Die erste Bundesliga-Saison beendeten die Berliner auf dem drittletzten Platz – einen Punkt vor dem Absteiger Preußen Münster, dem man am letzten Spieltag noch unterlag. Auch 1965 konnte sich die Hertha mit dem gleichen Rang vor dem sportlichen Abstieg retten, wurde aber aufgrund schwerer Verstöße gegen die Statuten vom DFB in die Regionalliga zurückgestuft. Hertha BSC hatte zuvor einige Spieler mit „Handgeldern" angelockt, was damals verboten war. Der Zwangsabstieg, der zweite des Vereins nach der Saison 1918/19, löste Diskussionen und letztendlich ein Umdenken beim DFB bezüglich solcher Prämien aus.

Die nächsten drei Spielzeiten bestritten die Herthaner in der Stadtliga Berlin (Regionalliga), in der sie dominierten. Die erste Saison wurde mit 58:2, die zweite mit 57:3 und die letzte Saison 1968 mit 55:5 Punkten abgeschlossen. Drei Jahre nach dem Zwangsabstieg kehrte Hertha BSC wieder in Deutschlands Elite-Klasse zurück. Dort konnte man am Ende der Saison 1968/69 auf Platz 14 die Klasse halten.

1970er Jahre: Große Erfolge und erneuter Skandal

Anfang der 1970er Jahre konnte sich die Hertha in der Bundesliga etablieren. Die Saison 1969/70 und 1970/71 beendeten die Berliner auf dem dritten Platz. Am 18. April 1970 gelang gegen Borussia Dortmund – immerhin mit Platz 5 direkter Tabellennachbar – ein glatter 9:1-Sieg, der auch aktuell noch immer der höchste Erfolg eines Hertha-Teams in der Bundesliga-Geschichte ist. Im UEFA-Pokal scheiterte man erst im Viertelfinale an Inter Mailand.

Im Rahmen des Bundesligaskandals 1971 kam es auch zu Strafen für einige Spieler und Funktionäre von Hertha BSC. Zur Verhandlung stand die 0:1-Heimniederlage gegen Arminia Bielefeld. Die Bielefelder boten den Hertha-Spielern für einen Sieg 250.000 DM. Die Spieler nahmen einen von den Arminen bereitgestellten Koffer mit dem Geld an, was zur Verurteilung führte. Die daraus resultierenden finanziellen Folgen waren schwerwiegend: Zur Entschuldung wurde die „Plumpe" an eine Berliner Wohnungsbaugesellschaft verkauft, die auf dem Gelände Wohnhäuser errichten wollte. 1974 wurde die langjährige Hertha-Heimat abgerissen. An der Bellermannstraße 64–70 erinnert heute nur noch eine Skulptur an die legendäre Plumpe.

1975 erreichte man mit dem Erringen der deutschen Vize-Meisterschaft den bislang größten Erfolg des Vereins in der Bundesliga. 1978 wurde man nochmals Dritter.

Gegen Ende der 1970er Jahre machte Hertha in den nationalen und internationalen Pokalwettbewerben auf sich aufmerksam. Am 30. Mai 1977 wurde das Wiederholungs-Endspiel im DFB-Pokal 1976/77 gegen den 1. FC Köln mit 0:1 verloren, nachdem zwei Tage zuvor beim 1:1 n.V. kein Sieger ermittelt werden konnte. Zwei Jahre später unterlag man dann auch im Finale des DFB-Pokal 1979 gegen Fortuna Düsseldorf in der Verlängerung mit 0:1.

Im UEFA-Pokal erreichte Hertha BSC im Jahr 1979 das Halbfinale, wo man erst gegen Roter Stern Belgrad mit 0:1 und 2:1 aufgrund der Auswärtstorregelung den Kürzeren zog. Es war für 20 Jahre der letzte internationale Auftritt der Berliner.

In der Bundesliga rutschte man 1978/79 ins Mittelmaß ab und fand sich zum Ende der Saison gar auf dem 14. Tabellenplatz wieder.

Am 29. November 1979 wurde der Funktionär und Mitbegründer des heute ältesten Fan-Clubs von Hertha BSC, Wolfgang Holst, Präsident des Vereins. Er hatte dieses Amt bis zum 25. November 1985 inne.

Der sportliche Niedergang erreichte im Mai 1980 seinen tragischen Höhepunkt. Punktgleich mit Bayer 05 Uerdingen beendeten die Berliner die Saison, mussten aber aufgrund zweier fehlender Tore (41:61 gegenüber Uerdingen mit 43:61) den Gang in die 2. Liga antreten. Nach zwei Jahren in der 2. Liga und dem zwischenzeitlichen Wiederaufstieg in die Bundesliga schlossen die Berliner die Saison 1982/83 mit dem letzten Tabellenplatz ab und wurden wieder zweitklassig. Nach drei folgenden Spielzeiten in der 2. Bundesliga war am 8. Mai 1986 nach einem 0:2 bei Alemannia Aachen dann sogar der Abstieg in die Amateur-Oberliga besiegelt. Hertha BSC war von nun an nur noch eine drittklassige Amateur-Mannschaft, die ihre Heimspiele fortan, bis auf wenige Ausnahmen, im altehrwürdigen, aber stark sanierungsbedürftigen Poststadion austrug. Im Schnitt besuchten 2000 Zuschauer die Spiele von Hertha BSC. Das Spitzenspiel gegen Türkiyemspor Berlin 1987/88 lockte immerhin 12.000 Zuschauer ins Stadion.

In der Saison 1986/87 wurde Hertha BSC zwar souverän Meister der Oberliga Berlin, scheiterte aber in den Aufstiegsspielen zur 2. Bundesliga. Ein Jahr später, am 19. Juni 1988, feierte die Berliner den Aufstieg in die 2. Bundesliga. Dort konnten sie 1989 mit Erreichen des 13. Platzes die Klasse sichern.

Bereits zwei Jahre nach dem Aufstieg in die 2. Liga gelang 1990 der Sprung in die höchste deutsche Spielklasse. Der Euphorie folgte aber bald die Ernüchterung, denn auch der „Feuerwehrmann" Peter Neururer konnte den erneuten Abstieg in die 2. Liga nicht verhindern. In den folgenden Jahren, von 1991 bis 1997, spielte Hertha BSC als „graue Maus" in der 2. Bundesliga bei einem Zuschauerschnitt von anfangs 3000 Unentwegten, die im für damalige Verhältnisse viel zu großen Berliner Olympiastadion für eine trostlose Geisterkulisse sorgten.

Dagegen sorgte die Amateurmannschaft des Vereins für Furore. Den „Hertha-Bubis" gelang 1992/93 eine der größten Überraschungen in der Geschichte des DFB-Pokals. Nachdem die Berliner im Laufe des Wettbewerbes klar favorisierte Mannschaften wie Hannover 96, den 1. FC Nürnberg und den Chemnitzer FC ausgeschaltet hatten, erreichten sie das Endspiel im heimischen Berliner Olympiastadion. Gegen Bayer 04 Leverkusen unterlagen die Amateure nach einem Treffer von Ulf Kirsten nur knapp mit 0:1. Die heute bekannten Spieler der damaligen zweiten Mannschaft waren Carsten Ramelow und Christian Fiedler.

Anfang 1996 wurde die erste Mannschaft von Jürgen Röber übernommen und von diesem nur knapp vor dem Abstieg in die Drittklassigkeit bewahrt. Auf Betreiben des Sponsors UFA und der Initialzündung von Bernd Schiphorst, des späteren Präsidenten (2000–2008), wurde ein Wirtschaftsrat etabliert, dem neben Schiphorst unter anderem Peter Boenisch, Klaus Herlitz, Rupert Scholz und der ehemalige Hertha-Präsident Heinz Warneke angehörten. Der Wirtschaftsrat sorgte fortan für stetige Kontinuität und Seriosität. In der Saison 1996/97 stieg die „alte Dame" Hertha BSC unter Trainer Jürgen Röber als Tabellendritter in die Bundesliga auf. In den Jahren von 1993 bis 1997 konnte Hertha BSC auch einen stetigen Anstieg der Zuschauerzahlen verbuchen.

Den denkwürdigen Höhepunkt stellte am 7. April 1997 das Heimspiel gegen den Aufstiegskonkurrenten 1. FC Kaiserslautern (2:0) dar, bei dem mit 75.000 Zuschauern ein damaliger Zuschauerrekord für die eingleisige 2. Bundesliga aufgestellt wurde. Beide Teams sollten nach dieser Spielzeit wieder erstklassig sein.

2000er Jahre: Etablierung in der Bundesliga

Nachdem sich die Einnahmen aus den Heimspielen, den Verkäufen von Fanartikeln (Merchandising) sowie den Finanzhilfen der UFA (jetzt Sportfive) kontinuierlich steigerten, wurden im Jahre 2002 wesentliche Teile des Vereins in eine Kommanditgesellschaft auf Aktien (KGaA) ausgegliedert, um einerseits die Haftung des Vereins zu minimieren und andererseits steuerliche Vorteile ausnutzen zu können.

Trotz Erfolgen in der Bundesliga sowie der Teilnahme am UEFA-Pokal sowie der UEFA Champions League 1999/2000 (mit Siegen gegen den FC Chelsea und AC Mailand) wurde Jürgen Röber nach sechs Jahren bei Hertha BSC im Februar 2002 entlassen. Sein Nachfolger Falko Götz führte Hertha in der Rückrunde der Saison 2001/02 auf den vierten Platz und damit erneut in den UEFA-Pokal. Zur Folgesaison trat Huub Stevens den Posten als neuer Trainer bei Hertha BSC an und schloss die Spielzeit auf Platz fünf ab. In der Saison 2003/04 dagegen enttäuschte die Mannschaft und geriet in Abstiegsgefahr, sodass Stevens im Dezember 2003 beurlaubt und als „Retter" Hans Meyer engagiert wurde. Meyer schaffte schließlich den Klassenerhalt.

Vor der Saison 2004/05 wurde als neuer Trainer erneut Falko Götz eingestellt. Unter seiner Führung belegte die Mannschaft überraschend am Ende den vierten Rang. Mit einem Sieg im letzten Heimspiel gegen Hannover 96 (0:0) hätte sogar noch Platz drei und damit die Qualifikation für die Champions League erreicht werden können. Die Folgesaison bedeutete mit Rang sechs und der damit verpassten Qualifikation für den UEFA-Pokal einen Rückschritt für Hertha BSC. Auch im UEFA- und DFB-Pokalwettbewerb gab es mit Niederlagen gegen vermeintlich unterklassige Gegner große Enttäuschungen. In der Spielzeit darauf rutschte das Team weiter ab und geriet erneut in Abstiegsnähe. Götz wurde daraufhin im April 2007 entlassen und die Saison von Karsten Heine zu Ende geführt.

Zur Saison 2007/08 sollte ein Umbruch stattfinden, wofür der Schweizer Lucien Favre verpflichtet wurde. Dieser baute den Kader nahezu komplett um, was in der Saison zu starken Leistungsschwankungen führte. Am Ende der Saison belegte Hertha BSC wie in der Saison zuvor den zehnten Tabellenplatz. Durch die Fair-Play-Wertung der UEFA gelang es dennoch, sich einen Startplatz für die UEFA-Cup-Qualifikation zu sichern. Somit wurde das Ziel UEFA-Cup, welches Manager Hoeneß für das zweite Jahr unter Favre angedacht hatte, durch diese „Hintertür" vorzeitig erreicht. Das vorrangige Ziel für das erste Jahr – ein einstelliger Tabellenplatz – wurde jedoch knapp verfehlt.

In der Saison 2008/09 verbesserte Hertha BSC mit 33 Punkten und der erfolgreichsten Hinrunde der Vereinsgeschichte zunächst den bisherigen Rekord aus dem Jahr 1974. Zwar standen Siegen gegen Mannschaften aus dem oberen Tabellendrittel (unter anderem über den späteren Herbstmeister TSG 1899 Hoffenheim) auch Enttäuschungen wie hohe Auswärtsniederlagen gegen den FC Bayern München (1:4), Werder Bremen (1:5) oder der Misserfolg gegen Energie Cottbus (zu Hause 0:1) gegenüber, dennoch lag der Verein zum Abschluss der Halbserie auf dem dritten Tabellenrang. Nach konstant guten Leistungen (unter anderem 2:1 über den FC Bayern München und 1:0 über Bayer 04 Leverkusen) sowie gleichzeitigen Punktverlusten der Konkurrenz übernahm und verteidigte Hertha BSC zu Beginn der Rückrunde mehrmals die Tabellenführung. Insbesondere der vom FC Liverpool ausgeliehene Stürmer Andrij Woronin erwies sich in dieser Phase der Saison als treffsichere Verstärkung. Darüber hinaus agierte die komplette Mannschaft basierend auf einer stabilen Defensive um die formstarken Innenverteidiger Arne Friedrich und Josip Šimunić taktisch diszipliniert. Nachdem sich der Verein somit in die Liste der Titelanwärter eingereiht und zwischenzeitlich vier Punkte Abstand zum Tabellenzweiten hatte, folgte mit drei Niederlagen in Serie der erste Rückschlag. Durch einen 2:1-Heimerfolg gegen Werder Bremen und ein 1:0 bei Hoffenheim schloss Hertha BSC zwar gegen Saisonende erneut zur Spitzengruppe auf, konnte jedoch an den letzten beiden Spieltagen nach einem 0:0 gegen den FC Schalke 04 und einer 0:4-Niederlage beim Absteiger Karlsruher SC nicht mehr in den Kampf um die ersten drei Plätze eingreifen. Mit 63 Punkten und Platz vier erreichte der Verein schließlich das gesetzte Saisonziel und qualifizierte sich damit für die neugeschaffene UEFA Europa League.

Im UEFA-Pokalwettbewerb konnte sich Hertha BSC gegen Nistru Otaci (8:1 im Hin- und 0:0 im Rückspiel), Interblock Ljubljana (2:0 und 1:0) sowie St. Patrick's Athletic (2:0 und 0:0) für die Gruppenphase qualifizieren. Der 8:1-Erfolg über den moldawischen Verein Otaci bedeutete dabei den bislang höchsten Sieg in einem internationalen Wettbewerb für den Verein. In der Gruppenphase traf der Verein in der Gruppe B auf Benfica Lissabon (1:1 zu Hause), Metalist Charkiw (0:0 auswärts) und Galatasaray Istanbul (0:1 zu Hause) und hätte das letzte Spiel der Gruppenphase gegen Olympiakos Piräus gewinnen müssen. Nach einer guten ersten Halbzeit verlor das verletzungsbedingt dezimierte Team jedoch mit 0:4.

In einer Pressemitteilung vom 7. Juni 2009 gab Hertha BSC offiziell die Trennung von Manager Dieter Hoeneß zum 30. Juni 2009 – ein Jahr früher als geplant – bekannt. Als Hauptgrund wurde eine „unterschiedliche Auffassung über die zukünftige Vereins- und Geschäftspolitik" genannt. Michael Preetz, zum damaligen Zeitpunkt Leiter der Lizenzspielerabteilung, übernahm das Aufgabenfeld von Hoeneß.

Seit 2009: Die „Fahrstuhl-Phase"

Am 28. September 2009 wurde Trainer Lucien Favre entlassen, nachdem Hertha BSC nach einem Auftaktsieg zur Hinrunde der Saison 2009/10 sechs Niederlagen in Folge kassiert hatte. Nachdem Karsten Heine die Mannschaft im Europa-League-Spiel bei Sporting Lissabon (0:1) interimsweise betreut hatte, wurde Friedhelm Funkel am 3. Oktober 2009 Trainer. Mit nur sechs Punkten gingen die Berliner abgeschlagen als Tabellenletzter in die Winterpause.

Am 13. März 2010 erlebte die Krise der Hertha ihren Höhepunkt, als nach der 1:2-Heimniederlage gegen den 1.FC Nürnberg circa 150 Herthafans mit Kunststoffrohren den Innenraum und das Spielfeld betraten und die Ersatzbank sowie einige Werbebanden beschädigten. Hertha lag nach dem 26. Spieltag weiterhin auf dem letzten Platz mit nun acht Punkten Rückstand auf den Relegationsplatz. Am 33. Spieltag besiegelte ein 1:1 bei Bayer 04 Leverkusen den Abstieg in die 2. Bundesliga endgültig. Mit der abschließenden 1:3-Heimniederlage gegen Bayern München überbot die Hertha noch einen Negativrekord des SC Tasmania 1900 Berlin: 16 Heimspiele in Folge war bis dahin noch keine Bundesligamannschaft ohne Sieg geblieben. Mit dem 11. Mai 2013 hat die SpVgg Greuther Fürth diesen Negativrekord von Hertha BSC übernommen, die in der Bundesliga-Saison 2012/13 keines der 17 Heimspiele gewinnen konnte.

Zur Saison 2010/11 unterschrieb Markus Babbel einen Einjahresvertrag als Trainer der Hertha, der sich bei Erreichen des direkten Wiederaufstiegs automatisch um ein Jahr verlängern sollte. Als Erstplatzierter der 2. Liga gelang Hertha BSC im ersten Jahr Zweitklassigkeit der direkte Wiederaufstieg. Das letzte Heimspiel der Saison am 34. Spieltag gegen den zweiten Aufsteiger FC Augsburg hatte mit 77.116 Besuchern die höchste Zuschauerzahl der eingleisigen 2. Bundesliga. Die Hertha übertraf damit den eigenen Rekord aus dem Jahr 1997 (75.000 Zuschauer gegen den 1. FC Kaiserslautern).

Im Verlauf der Bundesligasaison 2011/12 konnte sich die Hertha zunächst im unteren Mittelfeld platzieren und beendete die Hinrunde als Elfter. Für Schlagzeilen sorgte die Entlassung Babbels kurz vor Weihnachten, der seinen Vertrag nicht über das Ende der Saison hinaus verlängern wollte. Der Trainer und Manager Michael Preetz trugen ihren Streit über die Kommunikation der Entscheidung Babbels öffentlich aus. Während Preetz verlauten ließ, vom Entschluss Babbels erst kurzfristig erfahren zu haben, erklärte der Trainer, die Vereinsführung bereits Wochen zuvor informiert zu haben. Beide Seiten beschuldigten sich gegenseitig der Lüge. Babbels Nachfolger Michael Skibbe wurde nach nur vier verlorenen Liga-Spielen und dem Ausscheiden aus dem DFB-Pokal am 12. Februar 2012 beurlaubt. Interimsnachfolger von Skibbe waren René Tretschok und Ante Čović, am 20. Februar 2012 wurden diese Co-Trainer des neuen Cheftrainers Otto Rehhagel. Durch einen 3:1-Sieg gegen die TSG 1899 Hoffenheim gelang am letzten Spieltag der Saison 2011/12 als 16. der Abschlusstabelle der Bundesliga die Qualifikation zu den Relegationsspielen zur Bundesliga gegen den Dritten der 2. Bundesliga 2011/12, Fortuna Düsseldorf.

Das Hinspiel der Relegation am 10. Mai 2012 in Berlin verlor Hertha mit 1:2. Das Rückspiel am 15. Mai 2012 in der Düsseldorfer ESPRIT arena endete 2:2. Dies bedeutete den erneuten Abstieg. Das Spiel wurde wegen Zündens von bengalischen Feuern zweimal für mehrere Minuten unterbrochen. In der vorletzten Minute der Nachspielzeit stürmten Düsseldorfer Fans das Spielfeld, und erst nach einer zwanzigminütigen Pause wurde zu Ende gespielt. Hertha BSC legte deshalb am nächsten Tag Einspruch gegen die Wertung des Spiels ein, der vom DFB-Sportgericht als unbegründet zurückgewiesen wurde. Auch die Revisionsverhandlung vor dem DFB-Bundesgericht brachte keinen Erfolg. Nach Analyse der Urteilsbegründung verzichtete Hertha auf eine Anfechtung beim Ständigen Schiedsgericht. Schiedsrichter Wolfgang Stark erstattete Strafanzeige wegen Körperverletzung gegen einen Spieler von Hertha BSC.

Zur Saison 2012/13 übernahm Jos Luhukay den Trainerposten bei Hertha. Er unterschrieb einen Zweijahresvertrag bis zum 30. Juni 2014. Den ersten Rückschlag erlebte das Team im DFB-Pokal, als es in der ersten Runde mit 1:2 gegen den Regionalligisten Wormatia Worms ausschied. In der Folge stabilisierte sich die Leistung der Mannschaft, woraufhin sie 21 Spiele lang ungeschlagen blieb und sich an die Tabellenspitze der zweiten Liga setzte.

Nach dem 1:0-Sieg gegen den SV Sandhausen am 21. April 2013 qualifizierte sich Hertha BSC vorzeitig für die Fußball-Bundesliga in der Saison 2013/14. Durch einen Sieg gegen den 1. FC Köln am 33. Spieltag sicherten sich die Berliner auch die Meisterschaft der Zweiten Liga. Durch den Punkt aus dem 1:1 im abschließenden Saisonspiel des 34. Spieltages gegen den FC Energie Cottbus stellte Hertha BSC mit 76 Punkten einen neuen Punkterekord für die zweite Bundesliga auf und ist damit nun alleiniger Rekordhalter. In der Saison 2012/13 war Hertha BSC zudem die einzige Profifußballmannschaft in Deutschland ohne eine Heimniederlage.

Die Saison 2013/14 begann für Hertha BSC erfolgreich: Nach dem 6:1-Heimsieg über Eintracht Frankfurt stand man nach dem 1. Spieltag zum ersten Mal seit dem 25. Spieltag der Saison 2008/09 wieder an der Spitze der Tabelle. Nach einer, für einen Aufsteiger, sehr gut verlaufenen Hinrunde, die mit 28 Punkten auf dem 6. Tabellenplatz beendet wurde, folgte durch verschiedene Faktoren eine eher schlechte Rückrunde. Verletzungspech und Formschwäche sorgten dafür, dass man in den 17 Rückrundenspielen lediglich 13 Punkte verbuchen konnte, was den vorletzten Platz in der „Rückrundentabelle" bedeutete. Aufgrund der starken Hinrunde geriet Hertha jedoch nie in die Abstiegsregion der Tabelle, und schloss die Saison auf dem 11. Platz ab.

Einstieg Investor

Am 31. Januar 2014 stieg der Investor Kohlberg Kravis Roberts & Co. (KKR) mit 61,2 Millionen Euro bei der Hertha BSC GmbH & Co. KGaA ein. Die Partnerschaft ist auf rund sieben Jahre ausgelegt. KKR erhält eine Beteiligung von 9,7 Prozent, welche auf 33 Prozent erhöht werden kann.

Die Vereinbarung gliedert sich in drei Teile:

• Aktien: Von der Hertha BSC GmbH & Co. KGaA werden 9,7 Prozent der Aktien an den Investor verkauft. Dafür zahlt der Investor Kohlberg Kravis   Roberts & Co. ca. 18 Mio. Euro und ist Minderheitsaktionär. Der gesamte Klubwert wurde auf 220 Millionen Euro taxiert.

• Eigenkapital: Hertha erhält ca. 7 Mio. Euro als eine Art Bonus für die Vertragsunterschrift.

• Darlehen: Kohlberg Kravis Roberts & Co. zahlt ca. 36 Mio. Euro als Eigenmittelersatzdarlehen. Dieses Geld muss von der Hertha BSC GmbH & Co. KGaA am Ende der Partnerschaft verzinst zurückgezahlt werden.

Gegründet wurde der Verein 1892 als Berliner Fußball Club Hertha 1892, kurz BFC Hertha 92. Seit dem Zusammenschluss mit dem Berliner Sport-Club im Jahr 1923 hat Hertha BSC seinen bis heute gültigen Namen. Nur in der Nachkriegszeit von 1945 bis 1949, in der die Alliierten alle deutschen Vereine aufgelöst hatten, spielten die Fußballer zusammen mit ehemaligen Mitgliedern aus anderen Vereinen unter dem Namen SG Gesundbrunnen.

25. Juli 1892
Gründung des Berliner Fußball Club Hertha 1892

7. Aug. 1923
Zusammenschluss mit dem Berliner Sport-Club unter neuem Namen Hertha BSC

1930
Trennung vom Berliner SC unter Beibehaltung des Namens

1945
Auflösung durch den alliierten Kontrollrat und Spielbetrieb unter dem Namen SG Gesundbrunnen

1. Aug. 1949
Wiederaufnahme der Spielbetriebs als Hertha BSC

In seiner Geschichte hat der Verein sein offizielles Logo mehrfach verändert. Zum 120. Vereinsjubiläum im Jahr 2012 wurde die „Fahne pur", wie von der Mehrheit der Vereinsmitglieder und Fans gewünscht, wieder als offizielles Vereinslogo eingeführt.

DIE SPIELSTÄTTE

Hertha BSC trägt mit Unterbrechungen seit 1963 seine Heimspiele im Berliner Olympiastadion aus, welches anlässlich der Olympischen Sommerspiele 1936 erbaut wurde. Das Stadion fasst nach dem letzten Umbau aktuell 74.649 Zuschauer und beherbergt inzwischen einen eigenen Hertha-BSC-Fanshop. Das Stadion wurde zweimal, im Jahr 1974 und in dem Zeitraum zwischen 2000 und 2004, jeweils anlässlich einer bevorstehenden Fußball-Weltmeisterschaft ausgebaut. Zur WM 1974 wurde die Arena zunächst teilüberdacht, im Vorfeld der WM 2006 erfolgte dann eine grundlegende Modernisierung. Außerdem hat das Stadion jetzt eine zu Hertha passende blaue Tartanbahn. Neben den Heimspielen der Hertha finden im Olympiastadion auch Länderspiele der deutschen Nationalmannschaft, diverse Konzerte, Leichtathletikveranstaltungen sowie jährlich das DFB-Pokal-Finale statt.

Bevor Hertha zum Beginn der ersten Bundesligasaison 1963/64 in das größere Olympiastadion zog, trug der Verein seine Heimspiele im als „Plumpe" bekannten Stadion am Gesundbrunnen aus. Lediglich in den Regionalligajahren zwischen 1965 und 1968 kehrte die Mannschaft noch einmal dorthin zurück, bevor die Spielstätte 1974 komplett abgerissen wurde. In den Jahren 1986 bis 1988 in der Berliner Amateuroberliga sowie für einige Heimspiele der Zweitligasaison 1988/89 wich die Hertha aufgrund des mangelnden Zuschauerinteresses in das Poststadion aus. Des Weiteren wurden die Spiele im UI-Cup, der UEFA-Pokal-Qualifikation sowie die ersten Heimspiele der Zweitligasaison 1992/93 im Friedrich-Ludwig-Jahn-Sportpark ausgetragen.

Das Olympiastadion Berlin befindet sich im Ortsteil Westend im Bezirk Charlottenburg-Wilmersdorf von Berlin.

Es ist Teil des auf großen Sichtachsen aufgebauten Olympiageländes (ehemals: Reichssportfeld), zu dem auch das Sportforum, das Hockey-Olympiastadion, das Olympia-Reiterstadion, das Olympia-Schwimmstadion, die Waldbühne, das Maifeld, der Glockenturm und die Langemarckhalle gehören.

Das Olympiastadion ist außerdem die Heimspielstätte des Fußball-Bundesligisten Hertha BSC, der auch Hauptnutzer des Stadions ist.

Daten

Ort:	Berlin, Deutschland
Koordinaten:	♂ 52° 30′ 53″ N, 13° 14′ 22″
Klassifikation:	4
Eigentümer:	Land Berlin
Betreiber:	Olympiastadion Berlin GmbH
Baubeginn:	1934
Eröffnung:	1. August 1936
Renovierungen:	2000–2004
Oberfläche:	Naturrasen
Kosten:	242 Mio. € (Umbau 2000–2004)

Architekt:	Werner March (Bau)
	gmp (Umbau)
Kapazität:	74.649

Veranstaltungen

- Olympische Sommerspiele 1936
- Länderspiele der dt. Fußballnationalmannschaft
- ISTAF Berlin (seit 1937)
- Fußball-Weltmeisterschaft 1974
- DFB-Pokalendspiele der Herren jährlich (ständig) seit 1985
- DFB-Pokalendspiele der Damen jährlich (ständig) zwischen 1985 und 2009
- Leichtathletik-Weltmeisterschaften der Behinderten 1994
- Fußball-Weltmeisterschaft 2006
- Leichtathletik-Weltmeisterschaften 2009
- Fußball-Weltmeisterschaft der Damen 2011
- UEFA Women's-Champions-League-Endspiel 2014/15
- UEFA-Champions-League-Endspiel 2014/15
- Leichtathletik-Europameisterschaften 2018

1934–1938

Das Olympiastadion wurde von 1934 bis 1936 anlässlich der Olympischen Sommerspiele 1936 mit einem Fassungsvermögen von 100.000 Zuschauern nach Plänen des Architekten Werner March erbaut.

Die Olympischen Sommerspiele 1936 wurden am 13. Mai 1931 vom Internationalen Olympischen Komitee nach Berlin vergeben. Zunächst planten die Organisatoren der Spiele in Deutschland, das bestehende Deutsche Stadion umzubauen. Dieses war im Inneren der 1909 entstandenen Rennbahn Grunewald anlässlich der für 1916 geplanten Olympischen Spiele errichtet und 1913 von Kaiser Wilhelm II. eröffnet worden. Wegen des Ersten Weltkriegs fanden die Olympischen Spiele 1916 jedoch nicht statt. Es war zu seiner Zeit eines der größten Stadien weltweit.

Entgegen der ursprünglichen Planung, das Deutsche Stadion für Olympia umzubauen, ordnete der neue Reichskanzler Adolf Hitler wegen des zu erwartenden propagandistischen Effektes für Deutschland im Oktober 1933 den Bau eines neuen Großstadions an gleicher Stelle an und beauftragte den bisher zuständigen Architekten Werner March mit den Planungen. Weiter erklärte Hitler den Bau nun zur Reichssache und schloss damit die bisher zuständige Stadt Berlin aus den Olympiaplanungen aus. Die umschließende Rennbahn sollte dabei aufgegeben werden und der Pächter des Geländes, der Union-Klub, enteignet werden. Damit wurde westlich des Stadions Raum für ein großes Aufmarsch- und Versammlungsgelände für eine halbe Million Menschen gewonnen, das heutige Maifeld, auf das Hitler großen Wert legte.

Architektonisch orientiert sich das Stadion mit seinen klaren geometrischen Grundformen an antiken Sportstätten. Es ist teilweise als Erdstadion ausgeführt, bei dem nur der Oberring, aus fränkischem Muschelkalk (v. a. Randersackerer)[3] über das Erdniveau herausragt, weswegen seine äußerliche Wirkung allerdings nicht so übermächtig ausfällt wie zum Beispiel bei der Kongresshalle auf dem Reichsparteitagsgelände in Nürnberg. Das Stadion wurde anlässlich der XI. Olympischen Sommerspiele am 1. August 1936 eröffnet.

Das Stadionoval ist in etwa in Ost-West-Richtung ausgerichtet und wird in westlicher Richtung durch eine Öffnung über dem Marathontor unterbrochen, durch welche der Blick auf den Glockenturm freigegeben und eine Sichtverbindung mit dem Aufmarschgelände des Maifelds hergestellt wird. Im Bereich des Marathontors brannte das Olympische Feuer und an den Wänden des Durchbruchs sind die Namen der Sieger der Olympischen Wettbewerbe verewigt worden.

Die inneren Außenbereiche des Geländes sind durch Skulpturen und Plastiken gekennzeichnet. 1935–1937 entstanden die Plastiken Der Diskuswerfer und Die Staffelläufer von Karl Albiker. Von beiden Plastiken auf das Osttor zulaufend erinnert jeweils eine Stele je Olympisches Sommer- und Winterspiel an die deutschen Goldmedaillengewinner der Spiele seit 1896 nach einem Vorbild aus der griechischen Antike. Die Gedenksteine (Olympiastelen) haben architektonisch den Charakter eines äußeren Säulenpfeilerrings. 1936 schuf Arno Breker die beiden Skulpturen Der Zehnkämpfer sowie Die Siegerin.

1939–1945

Während des Zweiten Weltkriegs betrieb die Firma Blaupunkt in den Stadionkatakomben eine Produktionsanlage für Zünder. Teile der Katakomben wurden auch für den Luftschutz genutzt. Im März 1945, gegen Ende des Zweiten Weltkriegs, fanden in der Nähe des Berliner Olympiastadions Kampfhandlungen statt; das Ausmaß dieser Kämpfe ist allerdings in der Nachkriegszeit stark übertrieben worden. Angaben von angeblich mehreren Tausenden Gefallenen, vor allem Hitlerjungen (HJ), werden heute kaum noch Glauben geschenkt, zumal weder der Zustand des Stadions nach der Schlacht um Berlin noch die auf dem Gelände gefundenen Gefallenen diese Zahlen stützen. 70 Gefallene auf deutscher Seite scheinen weitaus realistischer zu sein. Behauptungen, der frühere Reichsjugendführer Axmann habe die HJ-Angehörigen in den Kampf gehetzt, werden von diesem in seinen Erinnerungen bestritten und sind nicht belegt.

Im Gelände des Olympiastadions waren am Ende des Krieges Bombenkrater und der Glockenturm war durch Brandeinwirkung zerstört.

1945–2000

In der Nordtribüne befindet sich eine Ehrenhalle und davor die Ehrentribüne, die auf eine der letzten Anordnungen der britischen Militärverwaltung hin um zwei Meter verkürzt worden ist, um den Bereich, in dem Adolf Hitler sich während der Olympischen Spiele aufgehalten hat, zu entfernen und so einer möglichen neonazistischen Kultstätte vorzubeugen.

Der Glockenturm wurde 1947 gesprengt und 1962 wieder aufgebaut.

Am 26. September 1969 wurde im Spiel Hertha BSC gegen den 1. FC Köln mit 88.075 Zuschauern die bis dato höchste Zuschauerzahl in einem Bundesligaspiel erreicht.

Das Stadion wurde 1974 für die im gleichen Jahr stattfindende Fußball-Weltmeisterschaft teilüberdacht.

Seit 2000

In den Jahren 2000–2004 wurde das Olympiastadion unter Beibehaltung des Sportbetriebs nach Entwürfen des Architekturbüros Gerkan, Marg und Partner für die Fußball-Weltmeisterschaft 2006 grundlegend umgebaut und modernisiert. Die Wettkampffläche wurde um einige Ränge abgesenkt, um eine dichtere Atmosphäre für Fußballspiele zu schaffen. Bei den Umbauarbeiten waren die konservatorischen Belange des Denkmalschutzes zu beachten. Die alten Natursteine wurden einzeln sandgestrahlt; so konnte etwa 70 Prozent der historischen Bausubstanz erhalten werden. Herausragende Kennzeichen des umgebauten Olympiastadions sind das jetzt alle Ränge umfassende Dach, an dem eine durchgängige Flutlichtbeleuchtung („Feuerring") montiert wurde, die bei Flutlichtspielen keine Schatten oder Halbschatten erzeugt. Eine blaue Tartanbahn wurde auf Wunsch und Kosten des Fußball-Bundesligisten Hertha BSC in dessen Vereinsfarben aufgetragen. Die blaue Farbgebung wurde durch den Denkmalschutz kritisiert. Die Befürchtung, Wasservögel landen auf der Bahn, hat sich nicht bestätigt.

Aufgrund dessen Vorgaben sind auch alle Ein- und Umbauten (zusätzliche Decken, Wandverkleidungen etc.) wiederentfernbar gestaltet worden, sodass sich der Zustand von vor 2000 theoretisch wiederherstellen ließe. Zusätzlich wurden neue Feuerhalter in den Umgängen des Stadions angebracht, die auf Fotografien von 1936 fehlen. Im Erdgeschoss des Stadions befindet sich seit 2004 eine christliche Kapelle, deren Wände mit Blattgold belegt sind. Das Glockengeläut wird mittels einer Tonbandaufnahme eingespielt, die in der Kaiser-Wilhelm-Gedächtniskirche aufgenommen wurde.

Nach Abschluss der Bauarbeiten fasst das Stadion jetzt 74.649 Sitzplätze. Die Gesamtkosten dieses Umbaus beliefen sich auf rund 242 Millionen Euro.[8] Das Olympiastadion hat nach dem Umbau von der UEFA den Status eines Fünf-Sterne-Stadions verliehen bekommen.

Die offizielle Einweihung des neuen Stadions fand am 31. Juli und 1. August 2004 mit einer großen Konzertveranstaltung statt, bei der unter anderem Nena, Pink und der Dirigent Daniel Barenboim auftraten. Am zweiten Tag eröffneten die Amateure von Hertha BSC gegen den Lokalrivalen 1. FC Union Berlin die Saison der Fußball-Regionalliga Nord, zudem wurde ein Freundschaftsspiel zwischen Hertha BSC und Beşiktaş Istanbul ausgetragen. Am 8. September 2004 wurde das Länderspiel Deutschland gegen Brasilien im Berliner Olympiastadion ausgetragen (Endstand: 1:1).

Das Stadion war Spielort und der Endspielort der Fußball-Weltmeisterschaft 2006. Am 13. Januar 2006 gab die FIFA bekannt, dass die von dem österreichischen Künstler André Heller geplante Eröffnungsfeier zur Fußball-Weltmeisterschaft in Berlin am 7. Juni abgesagt wird. Die 25 Mio. Euro teure

Show sollte der festliche Auftakt zur Weltmeisterschaft in Deutschland sein. Mögliche Probleme mit dem Rasen im Berliner Olympiastadion für die folgenden Spiele wurden als Grund genannt. Als „Entschädigung" für die Stadt Berlin wurde eine Feier auf der Straße des 17. Juni organisiert. Am 12. Mai 2006 wurde der „WM-Rasen" für das Stadion direkt aus den Niederlanden geliefert, noch im gleichen Monat, in dem viele Aussteller auf dem Platz vor dem Stadion ihre Angebote zur Weltmeisterschaft vorstellten. Während der Fußballweltmeisterschaft 2006 fanden im Stadion vier Vorrundenpartien, das Viertelfinale Deutschland gegen Argentinien (5:3 n.E.) und das Finale zwischen Italien und Frankreich (6:4 n.E.) statt.

Im Jahr 2007 erhielt es den IOC/IPC/IAKS Award in Gold, den einzigen internationalen Architekturpreis für bereits im Betrieb bewährte Sport- und Freizeitbauten (Neubauten, Erweiterungen oder Modernisierungen). Gleichzeitig wurde es mit dem IOC/IPC/IAKS-Sonderpreis 2007 für behindertengerechte Sportanlagen ausgezeichnet, der die Zugänglichkeit von Sportanlagen und allen anderen Bauten fördert, um auch Menschen mit Behinderungen die Möglichkeit zu geben, Sport uneingeschränkt und barrierefrei auszuüben oder dabei zuzuschauen.

Im Jahr 2009 wurden im Olympiastadion Berlin die Leichtathletik-Weltmeisterschaften ausgetragen, zu deren Austragungsort Berlin am 4. Dezember 2004 benannt wurde.

Die Endspiele der Herren- und Damenwettbewerbe der Fußball Champions League sollen nach Beschluss der UEFA im Frühjahr 2015 im Berliner Olympiastadion ausgetragen werden.

Heutige Nutzung

Räumlichkeiten

Es gibt im Stadionkomplex Beflaggung am Rand des Oberrings, überdachte Sitzplätze, Logen, Ehrentribünen, Pressetribünen, VIP-Anbau, Videoüberwachung durch die Polizei, Stadionkapelle, Reportergraben, eine unterirdische Aufwärmehalle mit 100-Meter-Bahnen, Freibad, Umkleidekabinen im zweiten Untergeschoss sowie Technikräume und Tiefgaragen.

Nutzer

Der Hauptnutzer Hertha BSC trägt seit der Gründung der Fußball-Bundesliga im Jahr 1963 seine Heimspiele im Olympiastadion aus und machte es damit zu einem der größten Fußballstadien der Welt. Seit 1985 findet im Olympiastadion jährlich das Finale des DFB-Pokals statt, bis 2009 auch das Finale der Frauen. Das American-Football-Team von Berlin Thunder bestritt hier seine Heimspiele in der NFL Europe bis Juni 2007. Zusätzlich werden Leichtathletik-Wettkämpfe, wie das jährliche ISTAF, ausgetragen. Gelegentlich wird das Stadion auch für Großveranstaltungen ohne sportlichen Charakter, wie etwa Kirchentage oder Konzerte, genutzt. Das Olympiastadion besitzt die größte Stadionkapelle der Welt. Am 12. Juli 2008 stellte Mario Barth den Weltrekord als „Live-Comedian mit den meisten Zuschauern" auf, indem er vor 70.000 Zuschauern im Olympiastadion auftrat. Am 22. September 2011 zelebrierte Papst Benedikt XVI. im Rahmen seines Deutschlandbesuches eine Heilige Messe im Olympiastadion. Jährlich besuchen rund 300.000 Touristen das Olympiastadion.

Verkehrsanbindung

Das Olympiastadion ist östlich durch den etwa 500 Meter entfernten U-Bahnhof Olympia-Stadion (zuerst: Stadion, später: Reichssportfeld, Olympia-Stadion Ost) der U2 und südlich durch den etwa 300 Meter entfernt liegenden S-Bahnhof Olympiastadion mit der Linie S5 der S-Bahn an das Berliner Nahverkehrsnetz angeschlossen. Bei Sportveranstaltungen verkehrt die MetroBuslinie M49 direkt zum Stadion.

Auszeichnungen für den Umbau

- BDA-Architekturpreis Nike 2007 in der Kategorie beste Raumwirkung

- IOC/IAKS Award in Gold 2007

- IPC/IAKS Sonderpreis 2007

- iF Gold Award 2007: Kapelle im Olympiastadion Berlin

- red dot award 2007: Kapelle im Olympiastadion Berlin

- Architekturpreis Berlin 2006

- Licht-Architektur-Preis 2005

- Deutscher Stahlbaupreis 2004

DER HERTHA BSC UND DIE LIGAZUGEHÖRIGKEIT ZUR BUNDESLIGA

Der Hertha BSC liegt in dieser mit 30 Jahren in der Bundesliga auf Platz 14 in der Tabelle der Ligazugehörigkeit zur Bundesliga.

Die gesamte Tabelle sieht im Jahr 2014 so aus:

Club	Spielzeiten im Wettbewerb
Hamburger SV	50
SV Werder Bremen	49
VfB Stuttgart	48
FC Bayern München	48
Borussia Dortmund	46
FC Schalke 04	45
Borussia M'gladbach	45
1.FC Kaiserslautern	44
Eintracht Frankfurt	44
1.FC Köln	43
VfL Bochum	34
Bayer 04 Leverkusen	34
1.FC Nürnberg	31

Hertha BSC	30
MSV Duisburg	28
Hannover 96	25
Karlsruher SC	24
Fortuna Düsseldorf	23
Eintracht Braunschweig	20
TSV 1860 München	20
Arminia Bielefeld	17
VfL Wolfsburg	16
SC Freiburg	14
KFC Uerdingen 05	14
FC Hansa Rostock	12
FC St. Pauli	8
SV Waldhof Mannheim	7
1.FSV Mainz 05	7
Rot-Weiss Essen	7
Kickers Offenbach	7
FC Energie Cottbus	6
1899 Hoffenheim	5
1.FC Saarbrücken	5
Rot-Weiß Oberhausen	4

SG Wattenscheid 09	4
Alemannia Aachen	4
SG Dynamo Dresden	4
Borussia Neunkirchen	3
FC Homburg	3
Wuppertaler SV	3
FC Augsburg	2
Tennis Borussia Berlin	2
SV Stuttgarter Kickers	2
SpVgg Unterhaching	2
SV Darmstadt 98	2
SC Preußen Münster	1
SSV Ulm 1846	1
SC Tasmania 1900 Berlin	1
SpVgg Greuther Fürth	1
SC Fortuna Köln	1
VfB Leipzig	1
Blau-Weiß 90 Berlin	1

ERFOLGE DES HERTHA BSC

- Deutscher Meister (2): 1930, 1931
- Deutscher Vize-Meister (5): 1926, 1927, 1928, 1929, 1975
- DFB-Pokal-Finalist (3): 1977, 1979, 1993 (2. Mannschaft)
- DFB-Ligapokal-Sieger (2): 2001, 2002
- DFB-Ligapokal-Finalist (1): 2000
- Meister 2. Bundesliga (3): 1990, 2011, 2013
- Berliner Meister (23):
- als BFC Hertha 1892 (4): 1906 (im VBB), 1915, 1917 und 1918
- als Hertha BSC (19): 1925–1931, 1933, 1935, 1937, 1944, 1957, 1961, 1963, 1966–1968, 1987 und 1988
- Berliner Pokalsieger (12):
- als BFC Hertha 1892 (1): 1920
- als Hertha BSC (8): 1924, 1928, 1929, 1958, 1959, 1966, 1967 und 1987
- als Hertha BSC II (3): 1976, 1992 und 2004
- Intertoto-Cup-Sieger (5): 1971, 1973, 1976, 1978, 2006

in der Bundesliga:

- an 16 Spieltagen Spitzenreiter (zuletzt nach einem 6:1 gegen Eintracht Frankfurt am 10. August 2013)

- insgesamt 30 Jahre Mitglied der Bundesliga

- Platz 12 in der ewigen Tabelle der Bundesliga:

Gesamtbilanz:

1375 Punkte bei 1013 Spielen, 373 Siege, 256 Unentschieden und 384 Niederlagen, 1472:1560 (−88) Tore

- Höchster Heimsieg in der Bundesliga: 9:1 gegen Borussia Dortmund 1969/70.

- Höchste Heimniederlagen in der Bundesliga: 0:6 gegen den Hamburger SV 1979/80, 0:6 gegen den FC Bayern München 2011/12

- Höchster Auswärtssieg in der Bundesliga: 5:0 bei Eintracht Frankfurt 1977/78.

- Höchste Auswärtsniederlage in der Bundesliga: 0:6 bei Werder Bremen 1990/91.

- Rekord für die höchste Heimzuschauerzahl in einem Spiel: 88.075 am 26. September 1969 gegen den 1. FC Köln

- in der Zweiten Bundesliga:

- Hertha BSC hält außerdem seit dem 15. Mai 2011 den Rekord für die meisten Siege in der eingleisigen 2.

Bundesliga. 23 von möglichen 34 Spielen konnten gewonnen werden.

- Rekord für die höchste Heimzuschauerzahl in einem Spiel (in der eingleisigen 2. Bundesliga): 77.116 am 15. Mai 2011 gegen den FC Augsburg (Hertha BSC übertraf damit den eigenen Rekord aus dem Jahr 1997, als 75.000 Zuschauer gegen den 1. FC Kaiserslautern kamen.)

- Zum Ende der Saison 2012/13 konnte sich Hertha durch einen Punktgewinn am letzten Spieltag gegen Energie Cottbus mit 76 Zählern den alleinigen Punkterekord der 2. Bundesliga sichern.

Alle Titel

2 x Deutscher Meister   30/31 , 29/30

3 x Deutscher Pokalsieger   02/03 , 01/02

Saison Titel

12/13 Aufstieg in die 1.Liga

12/13 Deutscher Zweitligameister

11/12 Abstieg aus der 1.Liga

10/11 Aufstieg in die 1.Liga

10/11 Deutscher Zweitligameister

09/10	Abstieg aus der 1.Liga
09/10	Europa-League-Teilnehmer
05/06	UI Cup Sieger
02/03	Deutscher Ligapokalsieger
01/02	Deutscher Ligapokalsieger
99/00	Champions-League-Teilnehmer
96/97	Aufstieg in die 1.Liga
89/90	Aufstieg in die 1.Liga
86/87	Landespokal Berlin Sieger
81/82	Aufstieg in die 1.Liga
78/79	Deutscher Pokalfinalist
76/77	Deutscher Pokalfinalist
74/75	Deutscher Vizemeister
67/68	Aufstieg in die 1.Liga
66/67	Landespokal Berlin Sieger
65/66	Landespokal Berlin Sieger
63/64	Gründungsmitglied 1.Bundesliga
58/59	Landespokal Berlin Sieger
57/58	Landespokal Berlin Sieger
42/43	Landespokal Berlin Sieger
30/31	Deutscher Meister

29/30   Deutscher Meister

28/29   Deutscher Vizemeister

28/29   Landespokal Berlin Sieger

27/28   Deutscher Vizemeister

27/28   Landespokal Berlin Sieger

26/27   Deutscher Vizemeister

25/26   Deutscher Vizemeister

1923/24   Landespokal Berlin Sieger

1919/20   Landespokal Berlin Sieger

Der Hertha BSC in der ewigen Tabelle

In der ewigen Tabelle der Fußball-Bundesliga belegt der Hertha BSC den 12. Platz Dieses Ergebnis wurde in 32 Jahren Zurgehörigkeit erzielt und kommt durch folgende Gesamtstatistik zu Stande:

32 Jahre BuLi-Zugehörigkeit, 1052 Spiele, 384 Siege, 266 Unentschieden, 402 Niederlagen bei 1514:1619 Toren. Das ergibt eine Tordifferenz von - 105 bei 1418 Punkten.

Dies bedeutet, Verteilt auf Heim- und Auswärtsspiele folgendes:

In der ewigen Heimtabelle belegt Hertha BSC den 12. Rang. In 526 Spielen hat man bei 273 Heimsiegen am Millerntor 132 Unentschieden erzielt und 121 Niederlagen einstecken müssen. Das ganze bei einer Tordifferenz von 916:610 was in Summe +306 Tore ergibt. Am Millerntor konnten stolze 951 erarbeitet werden.

Auswärts belegt Hertha BSC einen 12. Platz. Natürlich wurden auch hier 526 Partien absolviert in denen 111 Siege 134 Unentschieden gegenüberstehen. Niederlagen musste man in 281 Partien hinnehmen. Das ganze bei einer Tordifferenz von 598:1009 Toren, was -411 Toren entspricht. Hertha BSC hat sich auf fremdem Geläuf insgesamt 467 Punkte erspielt.

PRÄSIDENTEN DES HERTHA BSC

Der Vorstand des Hertha BSC setzt sich satzungsgemäß aus dem Präsidenten und seinen bis zu vier Stellvertretern zusammen. Gewählt werden der Präsident auf Vorschlag des Aufsichtsrats und die Vizepräsidenten auf Vorschlag des Präsidentschaftskandidaten durch die Jahreshauptversammlung des Vereins. Ob Präsidiumsmitglieder haupt- oder ehrenamtlich tätig sind, entscheidet der Aufsichtsrat fallweise.

Name/Geburtsdatum	Amtsantritt	Amtsende	Amtszeit
Werner Gegenbauer	23.05.2008	30.06.2012	1499 Tage
Bernd Schiphorst	06.09.2000	23.05.2008	2816 Tage
Walter Müller	24.09.1998	06.09.2000	713 Tage
Manfred Zemaitat	26.09.1994	24.09.1998	1459 Tage
Heinz Roloff	25.11.1985	26.09.1994	3227 Tage
Wolfgang Holst †	29.11.1979	25.11.1985	2188 Tage
Heinz Warneke	15.05.1972	23.09.1974	861 Tage
Heinz Warneke	31.01.1972	30.09.1974	973 Tage

TRAINER DES HERTHA BSC

Diese Trainer haben in der Vergangenheit die Geschicke des Hertha BSC geleitet:

Trainer	**von**	**bis**
Josef Schneider	1. Jul. 1963	08. Mrz. 1965
Gerhard Schulte	9. Mrz. 1965	30. Jun. 1966
Helmut Kronsbein	1. Aug. 1966	13. Mrz. 1974
Hans „Gustav" Eder	14. Mrz. 1974	30. Jun. 1974
Dettmar Cramer	1. Jul. 1974	09. Jul. 1974
Hans „Gustav" Eder	10. Jul. 1974	16. Jul. 1974
Georg Keßler	17. Jul. 1974	30. Jun. 1977
Kuno Klötzer	1. Jul. 1977	27. Okt. 1979
Hans „Gustav" Eder	28. Okt. 1979	26. Dez. 1979
Helmut Kronsbein	27. Dez. 1979	30. Jun. 1980
Uwe Klimaschefski	1. Jul. 1980	10. Dez. 1981
Georg Gawliczek	11. Dez. 1981	10. Dez. 1983
Martin Luppen	11. Dez. 1983	30. Jun. 1984
Uwe Kliemann	1. Jul. 1984	10. Nov. 1985
Hans „Gustav" Eder	11. Nov. 1985	31. Dez. 1985
Rudi Gutendorf	1. Jan. 1986	18. Apr. 1986
Jürgen Sundermann	19. Apr. 1986	08. Okt. 1988
Werner Fuchs	9. Okt. 1988	12. Nov. 1990
Pál Csernai	13. Nov. 1990	12. Mrz. 1991
Peter Neururer	13. Mrz. 1991	28. Mai 1991
Karsten Heine	28. Mai 1991	30. Jun. 1991
Bernd Stange	1. Jul. 1991	18. Aug. 1992
Günter Sebert	21. Aug. 1992	20. Okt. 1993
Uwe Reinders	21. Okt. 1993	23. Mrz. 1994
Karsten Heine	24. Mrz. 1994	18. Dez. 1995
Jürgen Röber	1. Jan. 1996	06. Feb. 2002

Falko Götz   7. Feb. 2002   30. Jun. 2002
Huub Stevens   1. Jul. 2002   04. Dez. 2003
Andreas Thom   4. Dez. 2003   17. Dez. 2003
Hans Meyer   20. Dez. 2003   30. Jun. 2004
Falko Götz   1. Jul. 2004   10. Apr. 2007
Karsten Heine   10. Apr. 2007   30. Jun. 2007
Lucien Favre   1. Jul. 2007   28. Sep. 2009
Karsten Heine   28. Sep. 2009   3. Okt. 2009
Friedhelm Funkel   3. Okt. 2009   30. Jun. 2010
Markus Babbel   1. Jul. 2010   18. Dez. 2011
Rainer Widmayer   18. Dez. 2011   31. Dez. 2011
Michael Skibbe   1. Jan. 2012   12. Feb. 2012
René Tretschok   14. Feb. 2012   19. Feb. 2012
Otto Rehhagel   20. Feb. 2012   30. Jun. 2012
Jos Luhukay   1. Jul. 2012

SPIELER DES HERTHA BSC

Die Liste der Bundesligaspieler von Hertha BSC gibt eine Übersicht über alle Spieler von Hertha BSC in der 1. Bundesliga.

Unterbrechungen durch Vereinswechsel oder Ausleihe sind nicht mitberücksichtigt. Die Angaben sind auf das jeweilige Jahr beschränkt.

Name	von	bis	Spiele	Tore
Reinhold Adelmann	1968	1969	15	0
Henrik Agerbeck	1978	1980	55	12
Erwin Albert	1977	1978	2	0
Hans-Joachim Altendorff	1963	1971	70	10
Alex Alves	2000	2003	81	25
Ilija Aračić	1998	2000	25	6
Bryan Arguez	2007	2009	1	0
Marc Arnold	1997	1999	26	2
Hans-Jürgen Baake	1980	1980	7	0
Marko Babić	2009	2009	8	0
Yıldıray Baştürk	2004	2007	71	14
Bernd Beck	1982	1983	23	1
Erich Beer	1971	1979	253	83
Stefan Beinlich	2000	2003	64	8
Rasmus Bengtsson	2009	2010	6	0
Harald Beyer	1963	1964	24	5
Pascal Bieler	2005	2008	6	0
Sascha Bigalke	2008	2010	1	0
Rolf Blau	1982	1983	33	6
Rainer Blechschmidt	1978	1979	17	1
Jérôme Boateng	2006	2007	10	0

Kevin-Prince Boateng	2005	2007	42	4
Fredi Bobič	2003	2005	54	8
Rainer Bonhof	1982	1983	6	1
Eberhard Borchert	1963	1965	10	3
Hermann Bredenfeld	1968	1970	33	6
Holger Brück	1972	1980	261	26
Franz Brungs	1968	1971	84	24
Heinz-Peter Buchberger	1972	1973	4	0
Sascha Burchert	2009	2010	3	0
Ellery Cairo	2005	2007	29	1
Dennis Cagara	2003	2005	8	0
Dragutin Čelić	1990	1991	14	1
César	2009	2010	3	0
Sofian Chahed	2003	2009	89	4
Amine Chermiti	2008	2009	10	0
Cicero	2008	2010	63	10
Ante Čović	1997	2000	44	4
Leandro Cufré	2009	2009	5	0
Ali Daei	1999	2002	59	6
Pál Dárdai	1997	2010	286	17
Sebastian Deisler	1999	2002	56	9
Ashkan Dejagah	2005	2007	26	1

Pierre Dickert	1979	1980	3	0
Jürgen Diefenbach	1975	1980	104	2
Michel Dinzey	1997	1998	29	1
Waleri Domowtschijski	2007	2010	45	4
Paul Dörflinger	1979	1980	10	4
Jaroslav Drobný	2007	2010	97	0
Patrick Ebert	2006	2010	83	7
Chinedu Ede	2006	2008	19	1
Hans Eder	1963	1972	57	0
Horst Ehrmantraut	1982	1983	30	1
Karl-Heinz Emig	1982	1983	9	0
Peter Enders	1968	1972	95	1
Helmut Faeder	1963	1965	48	12
Wolfgang Fahrian	1964	1965	25	0
Mark Farrington	1990	1991	9	0
Malik Fathi	2003	2007	123	3
Christian Fährmann	1997	1998	15	0
Karl-Heinz Ferschl	1986	1972	120	1
Christian Fiedler	1997	2009	137	0
Hans-Joachim Förster	1976	1980	28	1
Gernot Fraydl	1968	1970	31	0
Arne Friedrich	2002	2010	221	14

Wolfgang Gayer	1969	1972	98	30
Christopher Gäng	2007	2010	1	0
Theofanis Gekas	2010	2010	17	6
László Gergely	1970	1972	35	0
Bernd Gersdorff	1976	1980	85	15
Gilberto	2004	2008	101	14
Christian Giménez	2006	2007	28	12
Heikko Glöde	1982	1983	11	2
Bart Goor	2001	2004	87	13
Armin Görtz	1990	1991	27	1
Torsten Gowitzke	1990	1991	19	0
Tobias Grahn	2007	2008	13	0
Karl-Heinz Granitza	1976	1979	73	34
Gerhard Grau	1972	1978	157	14
Dirk Greiser	1990	1991	15	2
Theo Gries	1990	1991	28	6
Lothar Groß	1963	1970	81	3
Volkmar Groß	1968	1972	101	0
Walter Gruler	1982	1983	31	1
Heinz Gründel	1976	1978	8	1
Peter Gutzeit	1971	1974	64	13
Jan-Halvor Halvorsen	1990	1991	28	0

Frank Hanisch	1971	1976	68	1
Peter Hanisch	1972	1974	10	0
Lennart Hartmann	2008	2010	3	0
Michael Hartmann	1997	2005	153	5
Karl-Heinz Hausmann	1968	1969	2	0
Thomas Helmer	1999	2000	5	1
Erwin Hermandung	1971	1977	192	34
Hendrik Herzog	1997	2000	73	2
Klaus Heuer	1963	1964	8	0
Robert Holzer	1990	1991	26	1
Lorenz Horr	1969	1977	240	75
Roman Hubník	2010	2010	7	0
Werner Ipta	1968	1970	38	6
Michael Jakobs	1990	1991	11	0
Christoph Janker	2009	2010	15	0
Walter Junghans	1990	1991	28	0
Robert Jüttner	1982	1983	4	0
Gojko Kačar	2007	2010	64	10
Kaká	2008	2010	14	0
Steffen Karl	1997	1998	27	1
Bartosz Karwan	2002	2004	21	0
Michael Kellner	1970	1972	6	0

Werner Killmaier	1982	1983	31	6
Gábor Király	1997	2004	198	0
Fred Klaus	1990	1991	8	0
Wolfgang Kleff	1979	1980	33	0
Uwe Kliemann	1974	1980	168	13
Uwe Klimaschefski	1963	1965	57	7
Lewan Kobiaschwili	2010	2010	16	0
Konstantinos Konstantinidis	1999	2002	48	2
Herward Koppenhöfer	1973	1974	7	0
Erwin Kostedde	1975	1976	26	14
Niko Kovač	2003	2006	75	8
Benjamin Köhler	2000	2000	1	0
Dieter Krafczyk	1968	1969	32	4
Michael Krampitz	1964	1965	15	8
Dietmar Krämer	1976	1980	51	6
Willibert Kremer	1964	1965	28	4
Sven Kretschmer	1990	1991	22	6
Florian Kringe	2009	2010	12	0
Jørgen Kristensen	1976	1978	45	8
Rudolf Kröner	1968	1969	25	3
Hans-Jürgen Krumnow	1963	1969	10	0
Axel Kruse	1990	1998	23	2

Jürgen Lahn	1971	1972	1	0
Srđan Lakić	2006	2008	12	0
Carsten Lakies	1997	1998	3	0
Vithaya Laohakul	1979	1980	3	0
Denis Lapaczinski	2001	2004	22	2
Bernd Laube	1969	1970	1	0
Manfred Lenz	1972	1973	7	0
André Lima	2007	2008	16	2
Lúcio	2007	2009	10	1
Trond Fredrik Ludvigsen	2002	2004	2	0
Alexander Ludwig	2003	2006	4	0
Fabian Lustenberger	2007	2010	61	2
Luizão	2002	2004	26	4
Mike Lünsmann	1990	1991	28	3
Rob Maas	1998	2002	34	0
Peter Mack	1982	1983	7	0
Alexander Madlung	2002	2006	81	11
Benno Magnusson	1974	1976	20	1
Sergej Mandreko	1997	2000	37	1
Marcelinho	2001	2006	155	65
Thorben Marx	1998	2006	79	6
Kai Michalke	1999	2001	22	3

Jürgen Milewski	1978	1980	36	4
Mineiro	2007	2008	36	2
Frank Mischke	1990	1991	13	0
Aleksandar Mladenow	2001	2004	10	0
Jürgen Mohr	1982	1983	33	5
Christian Müller	2004	2007	16	2
Kurt Müller	1972	1975	77	20
Ludwig Müller	1972	1975	97	10
Robert Müller	2006	2007	1	0
Nenê	2002	2003	10	0
Andreas Neuendorf	1997	2007	149	15
Maximilian Nicu	2008	2010	43	3
Norbert Nigbur	1976	1979	101	0
Dieter Nüssing	1977	1980	81	8
Timo Ochs	2009	2010	2	0
Solomon Okoronkwo	2005	2008	39	4
Ivica Olić	1998	2000	2	0
Marko Pantelić	2005	2009	114	45
Bernd Patzke	1969	1971	66	4
Nemanja Pejčinović	2009	2010	16	0
Roberto Pinto	2001	2004	34	2
Łukasz Piszczek	2007	2010	68	3

Hans-Günther Plücken	1979	1980	17	1
Michael Preetz	1997	2003	196	84
Gregor Quasten	1982	1983	34	0
Nando Rafael	2002	2006	70	16
Raffael	2008	2010	79	17
Uwe Rahn	1990	1991	21	5
Adrián Ramos	2009	2010	29	10
Ole Rasmussen	1975	1983	109	4
Giuseppe Reina	2004	2005	23	4
Marko Rehmer	1999	2005	107	6
Otto Rehhagel	1963	1965	53	6
Piotr Reiss	1998	2001	16	1
Kjetil Rekdal	1997	2000	64	4
Thomas Remark	1978	1983	71	13
Johannes Riedl	1972	1974	52	3
Rodnei	2008	2009	9	0
Bryan Roy	1997	2000	50	4
Carl-Heinz Rühl	1963	1965	54	9
Jürgen Rumor	1970	1972	28	0
Christian Saba	1998	1999	1	0
Sejad Salihović	2004	2006	5	0
Christopher Samba	2005	2007	20	0

Tony Sanneh	1998	2001	32	1
Ivan Šangulin	1968	1969	30	0
Daniel Scheinhardt	1990	1991	24	0
Hans-Günter Schimmöller	1963	1965	59	1
Norbert Schlegel	1990	1991	26	2
Peter Schlesinger	1963	1964	10	0
Thorsten Schlumberger	1979	1980	8	2
Andreas Schmidt	1997	2006	175	8
Oliver Schmidt	1997	1998	2	0
Hubert Schmitz	1982	1983	24	0
Werner Schneider	1982	1983	34	4
Günter Schüler	1963	1964	1	0
Christopher Schorch	2006	2007	2	0
Oliver Schröder	2004	2006	31	1
Detlef Schulz	1971	1972	2	0
Kurt Schulz	1964	1965	22	7
Andreas Schumann	1971	1972	2	0
Marco Sejna	1990	1991	6	0
Wolfgang Sidka	1971	1980	184	24
Josip Šimunić	2000	2009	222	3
Rudolf Skácel	2008	2008	16	2
Hans-Jürgen Sperlich	1970	1972	53	3

Arno Steffenhagen	1986	1972	132	26
Marc Stein	2008	2010	42	0
Lutz Steinert	1963	1965	40	8
Edmund Stöhr	1982	1983	16	1
Kevin Stuhr Ellegaard	2005	2007	2	0
Jürgen Sundermann	1964	1965	29	0
Václav Svěrkoš	2006	2006	10	0
Eyjölfur Sverrisson	1997	2003	140	9
Michael Sziedat	1971	1980	280	12
Detlef Szymanek	1974	1977	40	14
Alphonse Tchami	1997	1999	29	3
Joël Tchami	2001	2004	1	0
Andreas Thom	1998	2001	51	5
Wolfgang Tillich	1963	1965	26	0
Dieter Timme	1979	1983	37	5
Michael Toppel	1978	1980	4	1
Ibrahima Traore	2007	2009	1	0
Gerhard Tremmel	2004	2006	5	0
Rene Tretschok	1998	2003	85	7
René Unglaube	1990	1991	20	4
Dick van Burik	1997	2007	245	7
Zoltán Varga	1970	1972	34	9

Sixten Veit	1997	2001	81	6
Engin Verel	1979	1980	5	0
Steve von Bergen	2007	2010	68	0
Hasan Vural	1997	1997	1	0
Horst Waclawiak	1963	1964	10	4
Stephanus Walbeek	1975	1976	13	0
Klaus Walleitner	1973	1974	2	0
Amadeus Wallschläger	2006	2008	1	0
Jürgen Weber	1968	1971	62	9
Hans Weiner	1972	1979	218	12
Christian Werner	1979	1980	3	0
Manfred Werner	1980	1980	2	0
Gerd Werthmüller	1972	1974	14	0
Artur Wichniarek	2003	2010	63	4
Tasso Wild	1968	1971	88	7
Andre Winkhold	1990	1991	17	1
Uwe Witt	1968	1972	123	1
Karl-Michael Wohlfahrt	1975	1976	1	0
Horst Wolter	1972	1977	48	0
Dariusz Wosz	1998	2001	85	11
Thomas Zander	1971	1976	97	0
Hans Zengerle	1971	1973	14	1

Marco Zernicke	1990	1991	18	1
Thomas Zetzmann	1990	1991	3	1
Sead Zilić	2001	2002	1	0
Martin Zimmer	1990	1991	2	0

Die „Jahrhundert-Elf"

Anlässlich des 111. Geburtstages im Jahr 2003 wählten die Anhänger von Hertha BSC eine Jahrhundert-Elf:

Pos	Spieler	Für Hertha aktiv	Ligaspiele (Tore)
Tor	Gábor Király	1997–2004	198 (0)
Abwehr	Arne Friedrich	2002–2010	231 (14)
Abwehr	Ludwig Müller	1972–1975	97 (10)
Abwehr	Uwe Kliemann	1974–1980	168 (13)
Abwehr	Eyjólfur Sverrisson	1995–2003	197 (12)
Mittelfeld	Kjetil Rekdal	1997–2000	64 (4)
Mittelfeld	Hanne Sobek	1924–1945	211 (169)
Mittelfeld	Erich Beer	1971–1979	253 (83)
Mittelfeld	Marcelinho	2001–2006	165 (65)
Sturm	Axel Kruse	1989–1991 1996–1998	64 (24)
Sturm	Michael Preetz	1996–2003	227 (93)

Ersatzbank

Tor	Norbert Nigbur	1976–1979	101 (0)
Abwehr	Hans Weiner	1972–1979 1984–1986	283 (15)
Abwehr	Otto Rehhagel	1963–1966	78 (9)
Mittelfeld	Lorenz Horr	1969–1977	240 (75)
Sturm	Karl-Heinz Granitza	1976–1979	73 (34)

Weitere Besonderheiten

Rekordspieler

Die nachfolgenden Listen zeigen die erfolgreichsten Spieler in der Bundesliga, dem DFB- bzw. Tschammer-Pokal und internationalen Pokalwettbewerben. Die Sortierung erfolgt nach Anzahl der gespielten Spiele bzw. erzielten Tore, bei gleicher Anzahl alphabetisch nach Nachnamen.

Bundesliga

Meiste Bundesligaspiele

1. Pâl Dârdai (286)

2. Michael Sziedat (280)

3. Holger Brück (261)

4. Erich Beer (253)

5. Dick van Burik (245)

6. Lorenz Horr (240)

7. Arne Friedrich (231)

8. Josip Simunic (222)

9. Hans Weiner (218)

10. Gábor Király (198)

Meiste Bundesligatreffer

1. Michael Preetz (84)

2. Erich Beer (83)

3. Lorenz Horr (75)

4. Marcelinho Paraíba (65)

5. Marko Pantelic (45)

6. Erwin Hermandung (34)

7. Karl-Heinz Granitza (34)

8. Adrián Ramos (32)

9. Wolfgang Gayer (30)

10. Holger Brück (26)

Elfmeter- die Helden vom Punkt

Folgende Liste zeigt alle Strafstoß-Schützen des Vereins Hertha BSC an.

Hier kann man sehen welcher Spieler, wie viele Elfer geschossen, verwandelt bzw. vergeben hat.

Top-Spieler	Elfmeter	Verwandelt	Verschossen	Quote
Marcelinho Paraíba	17	15	2	11,8 %
Lorenz Horr	15	12	3	20,0 %
Holger Brück	11	8	3	27,3 %
Ludwig Müller	9	9	0	100,0 %
Erich Beer	9	7	2	22,2 %
Michael Preetz	6	3	3	50,0 %
Otto Rehhagel	5	5	0	100,0 %
Marko Pantelic	5	1	4	80,0 %
Sofian Chahed	4	4	0	100,0 %
Adrián Ramos	4	3	1	25,0 %
Kjetil-André Rekdal	4	2	2	50,0 %
Bernd Patzke	4	2	2	50,0 %
Wolfgang Gayer	4	2	2	50,0 %
Werner Schneider	3	3	0	100,0 %
Thomas Remark	3	2	1	33,3 %

Cícero	3	1	2	66,7 %
Ronny	2	2	0	100,0 %
Karl-Heinz Granitza	2	2	0	100,0 %
Sebastian Deisler	2	2	0	100,0 %
René Tretschok	2	2	0	100,0 %
Bernd Gersdorff	2	1	1	50,0 %
Levan Kobiashvili	2	1	1	50,0 %
Detlev Szymanek	2	1	1	50,0 %
Jürgen Diefenbach	2	1	1	50,0 %
H.-Günter Schimmöller	2	1	1	50,0 %
Niko Kovac	1	1	0	100,0 %
Norbert Schlegel	1	1	0	100,0 %
Rudolf Kröner	1	1	0	100,0 %
Wolfgang Sidka	1	1	0	100,0 %
Theo Gries	1	1	0	100,0 %
Zoltán Varga †	1	1	0	100,0 %
Luizão	1	1	0	100,0 %
Rainer Bonhof	1	1	0	100,0 %
Axel Kruse	1	1	0	100,0 %
Kurt Müller	1	1	0	100,0 %
Carl-Heinz Rühl	1	0	1	100,0 %
H.-Joachim Altendorff	1	0	1	100,0 %

Uwe Kliemann	1	0	1	100,0 %
Alex Alves †	1	0	1	100,0 %
Yildiray Bastürk	1	0	1	100,0 %
Dieter Krafczyk	1	0	1	100,0 %
Harald Beyer	1	0	1	100,0 %
Karl-Heinz Ferschl	1	0	1	100,0 %

Vereinsschreck

Auch der Hertha BSC hat wie jeder andere Verein Spieler, die aus irgendeinem Grund einen „Lauf" in Spielen mit Ihrem jeweiligen Verein gegen Hertha BSC hatten. Am meisten hervorgetan in dieser Statistik hat sich Gerd Müller, der in 20 Einsätzen gegen Hertha BSC unglaubliche 19 Treffer erzielen und 3 Vorlagen erziehlen konnte.

DER HERTHA BSC UND DAS TOR DES MONATS

Der Hertha BSC liegt in der "Tor-des-Monats-Statistik" auf Platz 12 mit 13 Toren.

Hier die komplette Tabelle:

Mannschaft	Tore des Monats
FC Bayern München	66
Deutsche Nationalmannschaften	51
Borussia Mönchengladbach	38
1. FC Köln	37
FC Schalke 04	29
Borussia Dortmund	22
Werder Bremen	21
1. FC Kaiserslautern	17
Hamburger SV	16
Bayer 04 Leverkusen	15
VfB Stuttgart	16
Hertha BSC Berlin	13
Eintracht Frankfurt	10

Die TOP 10 der "Gastarbeiter"

Land	Anzahl	Top-Spieler	Position	Akt. Verein
Brasilien	1	M. Paraíba	Mittelfeld	Fortaleza Esporte Clube
Türkei	12	Yildiray Bastürk	Mittelfeld	Karriereende
Kroatien	10	Josip Simunic	Abwehr	GNK Dinamo Zagreb
Niederlande	9	Dick van Burik	Abwehr	Karriereende
Polen	7	Lukasz Piszczek	Abwehr	Borussia Dortmund
Österreich	6	Gernot Fraydl	Torwart	Karriereende
Serbien	6	Marko Pantelic	Mittelstürmer	Karriereende
Schweiz	5	Steve von Bergen	Abwehr	BSC Young Boys
Norwegen	5	J.-H. Halvorsen	Abwehr	Karriereende
Dänemark	5	Ole Rasmussen	Abwehr	Karriereende

FANGESÄNGE HERTHA BSC

Vor jedem Heimspiel wird die offizielle Vereinshymne Nur nach Hause von Frank Zander gespielt. Daneben gibt es weitere beliebte Herthalieder. Bekannt sind vor allem die traditionelle Vereinshymne Blau-weiße Hertha der Band Die Travellers, sowie seit der Saison 2010 der Song Hertha und Schulle von Daniel Rimkus, welcher regelmäßig in der Halbzeitpause gespielt wird.

Nur nach hause

Freunde,was gibt es Schöneres,

als hier im Stadion unserer Herthamannschaft die Däumchen zu drücken

Und sie von den Rängen zu unterstützen

Auf dem Weg nach oben

Nur nach Hause,nur nach Hause,

nur nach Hause geh`n wir nicht

Nur nach Hause,nur nach Hause

nur nach Hause geh`n wir nicht

Nur nach Hause,nur nach Hause,

nur nach Hause geh`n wir nicht

nur nach Hause,nur nach Hause,

nur nach Hause geh`n wir nicht

Alle warten voller Spannung

Auf das absolute Spiel

Denn die Jungens von der Hertha

haben alle nur ein Ziel:

Heute wollen sie gewinnen

Für das blau-weiße Trikot Sowieso oh-oh oh-oh

Und sowieso oh-oh oh-oh

Nur nach Hause,nur nach Hause

nur nach Hause geh`n wir nicht

Nur nach Hause,nur nach Hause

nur nach Hause geh`n wir nicht

Nur nach Hause,nur nach Hause,

nur nach Hause geh`n wir nicht

Nur nach Hause,nur nach Hause,

nur nach Hause geh`n wir nicht

All die Fans brüllen sich den Hals aus

Und der Stürmer der stürmt vor

Alle jubeln,wenn der Ball rollt

Voll hinein ins Gegnertor

Und am Abend dann am Tresen

Werden wir zum Libreo

Sowieso oh-oh oh-oh

Und sowieso oh-oh oh-oh

Nur nach Hause,nur nach Hause,

nur nach Hause geh`n wir nicht

Nur nach Hause,nur nach Hause,

nur nach Hause geh`n wir nicht

Jetzt seid ihr dran

Nur nach Hause(nur nach Hause),

nur nach Hause (nur nach Hause),

nur nach Hause (hey Leute nur nach Hause)

geh`n wir nicht(genau)

Nur nach Hause(Was soll`n wir denn zu Hause?),

nur nach Hause (Bei dieser Schwiegermutter?),

nur nach Hause(Bei diesen hohen Mieten?Also bleiben wir
doch im Stadion!)

geh`n wir nicht

Nur nach Hause,nur nach Hause,

nur nach Hause geh`n wir nicht

Nur nach Hause,nur nach Hause,

nur nach Hause geh`n wir nicht

Und nochmal

Nur nach Hause,nur nach Hause,

nur nach Hause geh`n wir nicht

Nur nach Hause,nur nach Hause,

nur nach Hause geh`n wir nicht

Denn nur nach Hause geh`n wir nicht

Schwung

Blau-weiße Hertha

Blau-weiße Hertha, du bist unser Sportverein

Blau-weiße Hertha, du wirst es für immer sein

Wo du spielst da rollt das Leder ungestüm ins Tor

Wo du schießt da ruft ein jeder: Hertha vor noch ein Tor

Blau- weiße Hertha dir gehört der Sieg

Keiner spielt so schön wie du, schießt wie du, trifft wie du

Du bleibst unser Sportverein, Schuss - Tor - hinein

An dem schönen Strand der Spree dort spielt Hertha BSC

Der Berliner groß und klein, schwört auf den Verein

Ob es regnet oder schneit, jeder hat für Hertha Zeit

Sonntags sieht man ganz Berlin ganz vergnügt zur Pumpe ziehn.

Blau-weiße Hertha, du bist unser Sportverein

Blau-weiße Hertha, du wirst es für immer sein.

Alte Dame, Alte Dame

Alte Dame, Alte Dame,

Hertha BSC, so schön ist dein Name!

Die Farben Blau-Weiß,

die Trikots gestreift,

im Herzen weht nur eins:

Unsere Fahne!

Eins und zwei und drei und vier

Eins und zwei und drei und vier,

soviel Tore schießen wir.

Lustig, lustig, tralala,

Heut ist Hertha mit dem Hammer wieder da!

Heut ist Hertha mit dem Hammer wieder da!

Und so schlagen wir nach altem Brauch,

unserem Gegner mit dem Hammer auf den Bauch!

Lustig, lustig, tralala,

Heut ist Hertha mit dem Hammer wieder da!

Heut ist Hertha mit dem Hammer wieder da!

Gemeinsam werden wir wieder siegreich sein…

Gemeinsam werden wir wieder siegreich sein,

Hertha BSC – Traditionsverein!

Trauer, Freude, Frust spür'n wir Jahr für Jahr,

doch am Ende sind wir wieder für dich da!

Blau-Weiß sind unsere Farben

Blau-Weiß sind unsere Farben,

Hertha ist unser Verein!

Wir werden dich im Herzen tragen,

und lassen dich niemals allein!

Wir sind Herthaner

Wir sind Herthaner, blau-weiße Herthaner,

wir leben für unsern Verein!

Egal wo wir spielen,

wir fahr'n um zu siegen,

für unsern Verein BSC!

La la lala...

Jeder, der hier spielt

Jeder der hier spielt der hat es schnell erkannt,

ja ihr werdet sehn wir spiel'n euch an die Wand!

Wenn unser Lied erklingt, unsre Fahnen weh'n,

werden wir Hertha wieder siegen sehn!

Lalalalala...

Wenn unser Lied erklingt, unsre Fahnen weh'n,

werden wir Hertha wieder siegen sehn!

FANSZENE DES HERTHA BSC

Es besteht bereits seit längerer Zeit eine intensive Fanfreundschaft zwischen den Hertha-Anhängern und den Fans des Karlsruher SC. Diese fand ihren Ursprung in den 1970er Jahren, als Hertha am ersten Spieltag in der Saison 1976/77 nach Karlsruhe reisen musste. Am Hauptbahnhof Karlsruhe wurde man freundlich von den Karlsruhern empfangen, woraufhin beide Fangruppen gemeinsam zum Wildparkstadion pilgerten. Trotz der anschließenden Niederlage des KSC (Hertha BSC gewann 3:0) feierten die Karlsruher Fans gemeinsam mit den Anhängern der Hertha am Hauptbahnhof, welche zum Abschied der angereisten Berliner den Schlachtruf von Hertha, „Ha Ho He", riefen.

Nach Herthas Wiederaufstieg 1997 und dem „Schicksalsspiel" von Jürgen Röber am 12. Spieltag gegen den KSC, welches die Berliner wiederum mit 3:1 gewannen, wurde die Fanfreundschaft reaktiviert. Seit dieser Zeit besuchen Anhänger beider Vereine die Spiele des jeweils anderen. Am 13. Februar 2011 gab es das bisher letzte „Freundschaftsduell" im Wildparkstadion, das 6:2 für Hertha endete.

Des Weiteren gibt es auch Freundschaften mit der Fanszene von Racing Strasbourg, die aus der Fanfreundschaft mit dem Karlsruher SC entstanden ist. In den 1970er- und 1980er-Jahren gab es in den Zeiten der Teilung Deutschlands darüber hinaus eine große Verbundenheit mit dem Anhang des 1. FC Union Berlin; diese Freundschaft wurde jedoch nach der Wende durch die zunehmende sportliche Rivalität der beiden Berliner Vereine abgeschwächt und besteht heute kaum noch. Auch mit dem FC Bayern München gab es in den 70er Jahren eine Freundschaft, die aber durch Angriffe Berliner Fans gegen Bayern-Fans beendet wurde.

BESUCHERZAHLEN - DIE 10 BESTEN JAHRE BEIM ZUSCHAUERSCHNITT

Saison	Wettbewerb	Spiele	Ausv.	Zuschauer	Schnitt
11/12	1.Bundesliga	17	2	908.630	53.449
97/98	1.Bundesliga	17	2	899.218	52.895
98/99	1.Bundesliga	17	3	891.845	52.461
08/09	1.Bundesliga	17	3	886.808	52.165
13/14	1.Bundesliga	17	1	882.120	51.889
04/05	1.Bundesliga	17	3	823.413	48.436
06/07	1.Bundesliga	17	2	822.912	48.407
99/00	1.Bundesliga	17	1	804.683	47.334
05/06	1.Bundesliga	17	1	798.857	46.992
09/10	1.Bundesliga	17	1	793.576	46.681

BEKANNTHEIT DES VEREINS

Laut der Quelle (Statista 2014) ist der Fussballverein Hertha BSC über 61,4 Mio. Menschen in Deutschland bekannt.

DER HERTHA BSC UND SEINE FANCLUBS

Der Hertha BSC hat 380 gemeldete Fanclubs. Das macht in Prozent 4,59 % der Fanclubs der 1. Bundesliga aus.

Im Folgenden die aktuellen Tabellen der Fanclubs der ersten und zweiten Bundesliga:

Fanclubs der 1. Bundesliga-Vereine:

Verein	Fanclubs	% von Gesamt
FC Bayern München	2299	27,79
FC Schalke 04	1300	15,72
Borussia M'gladbach	580	7,01
Borussia Dortmund	557	6,73
Eintracht Frankfurt	515	6,23
Werder Bremen	410	4,96
1. FC Nürnberg	400	4,84

Hamburger SV	397	4,80
Hertha BSC Berlin	380	4,59
Bayer 04 Leverkusen	272	3,29
VfB Stuttgart	271	3,28
Hannover 96	250	3,02
VfL Bochum	183	2,21
1. FSV Mainz 05	150	1,81
VfL Wolfsburg	118	1,43
DSC Arminia Bielefeld	86	1,04
FC Energie Cottbus	57	0,69
Alemannia Aachen	47	0,57
Fanclubs gesamt:	**8272**	**100,00**

Fanclubs der 2.Bundesliga-Vereine:

Verein	**Fanclubs**	**% von gesamt**
1. FC Köln	1004	34,45
TSV 1860 München	500	17,16
1. FC Kaiserslautern	350	12,01
FC Hansa Rostock	190	6,52
Carl Zeiss Jena	145	4,98

Eintracht Braunschweig	120	4,12
Kickers Offenbach	100	3,43
FC Erzgebirge Aue	86	2,95
SpVgg Unterhaching	85	2,92
SC Freiburg	65	2,23
MSV Duisburg	65	2,23
Rot-Weiss Essen	60	2,06
Karlsruher SC	40	1,37
SC Paderborn 07	25	0,86
Wacker Burghausen	24	0,82
SpVgg Greuther Fürth	20	0,69
FC Augsburg	19	0,65
TuS Koblenz	16	0,55
Fanclubs gesamt:	**2914**	**100,00**

RECHTLICHER HINWEIS

können.

Aktuell bedeutet dies konkret:

Sie dürfen:

•   das Werk bzw. den Inhalt vervielfältigen, verbreiten und öffentlich zugänglich machen

•   Abwandlungen und Bearbeitungen des Werkes bzw. Inhaltes anfertigen

•   das Werk kommerziell nutzen

Zu den folgenden Bedingungen:

•   Namensnennung — Sie müssen den Namen des Autors/Rechteinhabers in der von ihm festgelegten Weise nennen.

•   Weitergabe unter gleichen Bedingungen — Wenn Sie das lizenzierte Werk bzw. den lizenzier-ten Inhalt bearbeiten oder in anderer Weise erkennbar als Grundlage für eigenes Schaffen verwenden, dürfen Sie die daraufhin neu entstandenen Werke bzw. Inhalte nur unter Verwendung von Lizenzbedingungen weitergeben, die mit denen dieses Lizenzvertrages identisch oder vergleichbar sind.

Bildquellen:

Quelle des Coverbildes:

floodlit - netted von marfis75 via flickr.com

HERTHA von Frankinho via flickr.com

Herstellung und Verlag:

BoD – Books on Demand, Norderstedt

ISBN 978-3-7386-0124-4